SUIVRE

COMPREDRE LE PROCESSUS ET FORMATION

Diriger

D'UN LEADER

GUIDER

ADAM LIVECCHI

SUIVRE.Diriger.GUiDeR

COMPREDRE LE PROCESSUS
ET FORMATION D'UN LEADER.

ADAM LIVECCHI

All Scripture taken from the King James Version which is in the Public Domain.

FOLLOW.LEAD.MENTOR.

English ISBN 978-0-9893101-0-9
French ISBN 978-0-9893101-4-7

Printed in the United States of America.

First Printing in English: April 2013
First Printing in French: December 2013

Cover art done by Ryan Smyth, Royal Essex.
www.RoyalEssex.com

Head-shot pictures by Demi-Brooke Kerr.
www.dbphotography.co

For more information on how to order this book or any of the other materials We See Jesus Ministries offers please contact:

We See Jesus Ministries
www.WeSeeJesusMinistries.com

Remerciements

- J'aimerais remercier a John Natale pour avoir cru en moi.
- J'aimerais remercier Abner Suarez pour avoir aïguiser mon esprit.
- J'aimerais remercier Steve Stewart avoir investie son temps avec moi.
- J'aimerais remercier David Greco pour les inombrales questions qu'il m'a permit à lui poser.

Dedicace

Je veux dédier ce livre a John C. Maxwell. Vos livres ont béni ma vie enormenment. Je pense que si vos livres auraint couté 50 dollars chacun, cela vaudrais vraiment le coup. Il est sans doute que votre detrese de communiquer la verite en grande profondeur et simplicité est remarcablement un don de Dieu. Je veux vous remercier pour tout ce que vous m'avez donné de maniere indirecte en disant oui a Jesus, et en ecrivant tout ces livres que sont une vrai merveille! I would like to dedicate this book to John C. Maxwell. Vos livres ont grandement béni ma vie. Si vos livres sont de 50 dollars chacun, ils seraient en vaut la peine. Votre aptitude à communiquer des vérités profondes d'une manière simple est un incroyable cadeau de Dieu. Je tiens à vous remercier pour tout ce que vous avez fait indirectement en disant oui à Jésus et à écrire tous ces livres incroyables!

L'indice de Chapitre

Suivre

Chapitre 1

suivre

1. aller ou venir après (une personne ou une chose procédure à l'avance); déplacer ou voyager derrière: elle rentra dans la maison, et Ben suivit |[pas obj .]: Il suivait derrière dans sa voiture .

• aller après (quelqu'un) afin d'observer ou de surveiller

• archaïque s'efforcent après; viser à: je suis la gloire.

• accompagner (une route ou chemin) .

• (d'une route ou d'un chemin) aller dans la même direction que ou parallèlement à un (autre): la route suit un ruisseau sweetwater caché .

2. venir après dans le temps ou l'ordre: les six années qui ont suivi sa restauration | [pas obj .] : Les taux sont les suivants .

• arriver après (autre chose) comme une conséquence: le rire rauque suivi la remarque grivoise | [pas obj .] : Rétribution bientôt suivi .

• [no obj .] Une conséquence logique : il résulte donc de cette équation que la valeur doit être négative .

• [avec obj .] (D'une personne) de faire quelque chose

après (autre chose) : il suit sa surprise film frapper avec un thriller paranoïaque .
• (souvent être suivie) ont (un plat ou bien sûr) après l'autre ou les autres dans un repas : dinde a été suivie d'un dessert .
3. acte selon (une instruction ou un précepte) : il a de la difficulté à suivre les instructions écrites .
• agir selon le plomb ou un exemple de (quelqu'un) : il suit Aristote à le croire .
• traiter comme un enseignant ou d'un guide : ceux qui cherchent à suivre Jésus-Christ .
4. prêter attention à (quelque chose) : J'ai suivi ce débat de près .
• garder une trace de ; suivre le mouvement ou la direction de : elle suivit son regard , scrutant l'obscurité
• maintenir la sensibilisation de l'état actuel ou le déroulement du (des événements dans un domaine ou un compte particulier): les jeunes Italiens suivent le football .
• (d'une personne ou d'un compte) être concernés par le développement de (quelque chose)
• comprendre le sens ou la tendance de (un haut-parleur ou argument) : Je ne vous suis pas encore .

Ce n'est pas certe que tous les chemins menent a Dieu. Ce ne sont pas tous les decision qu'on prends qui nous anmene au succes. Nous devons prendre de choix sage. Nous sommes characterizee par celui que nous suivons et ce qu'on suit.

Un pasteur ami moi, Scott Pursley avait dit une fois: "C'est tres dificile a prendre de decisions qui se base par la connaissaince que nous n'avions pas." Poursuivre veux dire apprendre. Nous pouvions apprendre seulement tant des choses par l'etude. Nous apprenons mieux des choses quand on est guidé par quelqu'un qui se dirige dans la meme direction ou qu'est déja arrivés a l'endroit de notre destination. Le faite de suivre les personnes et les principes incorrectes peut conduire a la prison, la mort et meme l'enfer. Si j'aurais continue sur le meme chemin que j'ai parcuru auparavant quand j'etais jeune, J'aurais finis comme cela.

Le seigneur Jesus est venue dans ma vie, il est venue me secourer avec une invitation, que pour moi, était irresistible. Son invitation n'était pas "une prière et tout ira bien." Ses paroles ont été "*Viens et suis-moi.*" Ce n'était pas qu'une simple invitation. C'était une commande, parce qu'il est un roi qui possède toute autorité dans les cieux et sur la terre. Le seigneur Jésus ne me demandait pas; Il me disait.Ce n'était pas une simple invitation. C'était une commande, parce qu'il est un roi qui possède toute autorité dans les cieux et sur la terre. Jésus ne me demandait; Il me disait.

* * *

> *"Dès ce moment Jésus commença à prêcher, et à dire: Repentez-vous, car le royaume des cieux est proche.' Comme il marchait le long de la mer de Galilée, il vit deux frères, Simon, appelé Pierre, et André, son frère, qui jetaient un filet dans la mer; car ils*

> *étaient pêcheurs. Il leur dit: Suivez-moi, et je vous ferai pêcheurs d'hommes. . Aussitôt, ils laissèrent les filets, et le suivirent. De là étant allé plus loin, il vit deux autres frères, Jacques, fils de Zébédée, et Jean, son frère, qui étaient dans une barque avec Zébédée, leur père, et qui réparaient leurs filets; Il les appela,et aussitôt ils laissèrent la barque et leur père, et le suivirent. Jésus parcourait toute la Galilée, enseignant dans les synagogues, prêchant la bonne nouvelle du royaume, et guérissant toute maladie et toute infirmité parmi le peuple. Sa renommée se répandit dans toute la Syrie, et on lui amenait tous ceux qui souffraient de maladies et de douleurs de divers genres, des démoniaques, des lunatiques, des paralytiques; et il les guérissait.*" (Matthieu 4:17-24)

Nous sommes formes lorsque nous sommes en train d'etre dirigé. Jésus a prêché sur le Royaume, et il demandés aux gens de tous laisser et à le suivre. Simon ne serait jamais devenu Pierre s'il n'a pas suivi Jésus. Quand nous suivons a Jésus, nous devenons celui qu'Il nous a appelés à être et automatiquement nous devenons connecté avec le but que nous avons dans la vie. Simon était un pêcheur, alors que Pierre était un pêcheur d'hommes. Son prenom a été changé parce que son identité a changé et son but dans la vie a été redéfini. C'est ce qui arrive lorsque nous suivons Jésus. C'est ce qui arrive à ceux qui suivent le vrai Seigneur Jésus. Ils ont changés et ils y vont de gloire en gloire. Le faite de suivre la personne indiqué dans notre vie mène toujours à changer depuis l'intérieur vers l'exterieure.

La transformation que nous désirons avoir commence avec abandonnement complet. Quand Jésus a appelé Simon - qui deviendrait Pierre - et André, il n'était pas en train de leur demande de le suivre. Il leur commandé de le suivre. Souvent, les gens veulent transformation mais ils ne sont pas disposés à renoncer à leur volonté aux pieds de Dieu ou croire dans la vision qu'il leur donne. Cette invitation / commande que Jésus donne «suivez-moi» est radical. C'est un appel à la fois à suivre Jésus et à suivre les gens qui le suit ici et maintenant.

I Corinthien 11:1 L'apôtre Paul a dit, *"Soyez mes imitateurs, comme je le suis moi-même de Christ."* Cette déclaration reflète la confiance que Paul avait, qu'il était vraiment en train de suivre Christ. Ce genre de confiance déroule d'un lieu d'intimité et est rendu visible par l'obéissance.

Grâce à la relation que nous avons avec Jésus, nous recevons notre identité et nous pouvons être confiant de sa guidance. *"car tous ceux qui sont conduits par l'Esprit de Dieu sont fils de Dieu."* (Romains 8:14) Un fils n'a pas à prouver sa capacité de respect de ses engagements a son père. Un fils vit conformément à son héritage. Nous ne suivons pas le Saint-Esprit pour prouver que nous sommes fils de Dieu. Le Saint-Esprit nous conduit parce que nous sommes déjà le fils. Nous ne ministrons pas pour chercher juste de l'approbation, ont nous a donné deja l'autorisation pour le fairee. C'est n'est qu'en suivant la guidance de Jésus et d'être conduit par l'Esprit Saint que nous devenons ce que Dieu nous a appelés à être. Puis nous arrivons à remplir notre mission ici: Sa volonté soit faite, Son Règne vienne.

Notre intimité avec Jésus est mesurée par l'obéissance que nous avons pour lui. Jésus a dit: "*Si vous m'aimez, vous gardez mes commandements.*" La plus grande invitation, c'est quand Jésus dit à quelqu'un «suivez-moi». C'est ce qu'il vous dit!

Nous devons avoir de l'entendement pour savoir a qui nous devons suivre et a qui nous ne devons pas suivre.

> "*Le lendemain, Jean était encore là, avec deux de ses disciples; et, ayant regardé Jésus qui passait, il dit: Voilà l'Agneau de Dieu! Les deux disciples l'entendirent prononcer ces paroles, et ils suivirent Jésus. Jésus se retourna, et voyant qu'ils le suivaient, il leur dit: Que cherchez-vous? Ils lui répondirent: Rabbi (ce qui signifie Maître), où demeures-tu? Venez, leur dit-il, et voyez. Ils allèrent, et ils virent où il demeurait; et ils restèrent auprès de lui ce jour-là. C'était environ la dixième heure. André, frère de Simon Pierre, était l'un des deux qui avaient entendu les paroles de Jean, et qui avaient suivi Jésus.* "
> (Jean 1:35-40)

Voici un excellent exemple de quoi s'agit le vrai ministère prophétique. Tout ce que Jean a dit a été: «Voici l'Agneau de Dieu», et immédiatement il a perdu deux de ses disciples.Jean-Baptiste a dû avoir la crédibilité majeur parce que ses suiveurs ont répondu immédiatement à sa seule et simple déclaration. Un mot lui a coûté la vie de deux de ses disciples, mais leur salut étaient né de ce même mot. La prophétization doit toujours révéler a

Jésus et doit jouer un rôle important dans le révelation et de manifestation du plan rédempteur de Dieu. Le vrai Ministère prophétique révèle au Seigneur Jésus et produit des vrai partisans ou disciples pour lui.

Ces deux hommes ont vu Jésus pour qu'il était vraiment et puis le suivirent. Ils sont marqués l'histoire parce qu'ils avaient des oreilles pour entendre et parqu'ils ont décidé de suivre la bonne personne au bon moment. Finalement, ils sont devenus leaders ainsi que des suiveurs. C'est le mode de vie du disciple – c'est un cycle de suivre et de diriger. En tant que disciples, nous devrions être en mesure de discerner ou reconnaître des mots et des personnes crédibles. En tant que dirigeants, nos paroles doivent être crédibles.

Jésus a crée un véritable qualités de menneur d'hommes à la fois accueillant et familial. Les deux gars qui suivaient Jésus ce jour ont obtenu de rester dans sa maison. Jésus les avait accueillit et les avait integrer directement dans son monde. En tant que leaders, même les leaders qui sont en formation, nous devrions être prêts à recevoir les gens et de les integrér immédiatement dans nos mondes. L'hospitalité est de faire sentir l'étranger comme une famille instantaneament. C'est exactement ce que Jésus a fait quand il a dit à deux disciples de Jean : «Venez et voyez». Lorsque nous choisissons a qui nous devons suivre, nous devrions chercher la fiabilité - de voir qui se dirige vers le Christ - et l'hospitalité - qui veux recevoir le Christ comme le Christ a reçu ses disciples.

* * *

> Luc 5:27-28 "*Après cela, Jésus sortit, et il vit un publicain, nommé Lévi, assis au lieu des péages. Il lui dit: Suis-moi. Et, laissant tout, il se leva, et le suivit.*"

Encore une fois, Jésus ne demande pas ces bonhomme de le suivre, il lui commande de le suivre. C'est radical. C'est un homme qui quitte son travail sans explication, pour ne jamais revenir. C'est spontanée, et c'est un image de comment nous pouvons laisser le passée derriere. C'est quand meme deja quelque chose de quitter le passé et le laisser derrière une fois pour toutes.

La seule façon de suivre a Jésus est en laissant le passé derrière, et en mettant de la persistence devant toi. Pendant ce temps-la, dans l'histoire, les Juifs étaient sous l'occupation romaine, de sorte qu'ils ont été severement taxés par Rome. Levi était un publicain, un collecteur d'impôts. Il était considéré comme un traître pour gagner sa vie en extorquant son propre peuple. Jésus a choisie un homme qui avait l'habitude d'extorquer son propre peuple, et Il a fait de lui un homme qu'il a pu utiliser pour donner au monde entier le trésor le plus précieux jamais vue: l'Évangile du Royaume. Levi, qui est devenu Matthieau, était l'auteur de l'évangile de Matthieu. Il est passé d'etre un traître à l'auteur extremement populaire. Lorsque nous choisissons de suivre Jésus, les possibilités sont illimitées. D'un cote, cet homme a perdu sa propre vie pour vraiment la retrouvé apres.

Dans le Royaume, nous devons mourir pour vivre. Dans le Royaume, nous croyons avant de meme avoir comprendre, c'est par la foi que nous comprenons.

Abraham a décidé de suivre Dieu avant de meme avoir compris vraiment où il allait. La première chose qu'il faut savoir sur suivre au bon Dieu c'est que nous ne devons pas rester la où nous sommes, mais nous devons le suivre et aller avec Lui dans l'inconnu.Le fondement de la foi biblique conduit toujours à suivre et obéir à Dieu, tout simplement. C'est la grâce de Dieu qui rend cela possible. Il envoie sa grâce afin que nous puissions mettre toute notre foi en Lui. Quand nous sommes en train de le suivre, la foi se développe et la confience s'agrandit. La foi est comme une graine de moutarde, et cette foi peut déplacer les montagnes. La confiance vous oblige a mettre votre cœur a fond la-dedans, et comme ca, elle vous fera vous déplacer réellement. Si nous suivons le Seigneur, nous allons avoir la croissaince espirituelle et de plus en plus de la foi en nous ,et cela nous rendera a la confiance en lui. La confiance est une outre a vin pour la compréhension. Dans le parcours d'etre suiveur, nous sommes aussi en train d'apprendre a avoir de la confiance. Quand nous apprenons à faire confiance en Dieu, alors Il meme nous fera confiance pour que nous menons des personnes a lui.

L'autorité de guider est née de la capacité à suivre. Si nous voulons mener, nous devons servir. Guider est servir. Nous nous renderons du compte en suite, que nous sommes en train d'apprendre à être comme le Christ. Ceci, en retour, nous donne le pouvoir et le privilège de guider d'autres gens vers Lui. Souvent, les gens veulent mener, mais ils n'ont jamais vraiment appris à suivre.Les gens qui essaient de guider d'autres personnes sans apprendre à suivre auront du mal à le conduire en toute certitude, car ils n'ont jamais suivies humblement ou sans réserve.

Les gens qui ont un problème de soumission dans un periode de leur vie, ils auront un problème pour visioner le prochain periode de leur vie. C'est seulement en se soumettant à Dieu que nous recevons la vision de notre vie. Souvent, les gens veulent etre guide, mais n'ont aucune idée où ils vont ou comment ils vont y arriver. Jésus savait qui il était, d'où il venait et où il allait. Dieu le Saint-Esprit révèle tout cela alors que nous suivons Jésus.

Lorsque nous suivons Jésus, nous sommes formés et transformés. En premiere place, nous allons apprendre à suivre Jésus. Ensuite, nous allons apprendre à conduire les autres à la suite de Jésus.

> *"Car, je vous le dis en vérité, tant que le ciel et la terre ne passeront point, il ne disparaîtra pas de la loi un seul iota ou un seul trait de lettre, jusqu'à ce que tout soit arrivé. Celui donc qui supprimera l'un de ces plus petits commandements, et qui enseignera aux hommes à faire de même, sera appelé le plus petit dans le royaume des cieux; mais celui qui les observera, et qui enseignera à les observer, celui-là sera appelé grand dans le royaume des cieux."* (Matthieu 5:18-19)

Tous les bonnes qualites de menneur d'homme se trouve dans le Royaume, et se demontre par l'exemple. Il n'y a pas d'hypocrites dans le Royaume. Dans le Royaume, avant que vous soyez un visionnaire, vous devez devenir un disciple. Si notre vision n'est pas celle de la volonte de Dieu, pratiquement, nous sommes perdus.

La raison des problemes chez les gens son généralement en raison d'un problème d'identité. Si nous sommes fidèles à Dieu, nous n'aurons pas un conflit d'intérêts avec lui. L'auteur du livre de Jacques appelle ce conflit étant irrésolus. Les gens qui sont irrésolus auront toujours du mal avec leur identité, et leur mission. Les personnes atteintes a l'ambition impies auront conflit intérieur. C'est l'esprit du Christ qui est la solution à ce problème. L'objectif de suivre Jésus est d'apprendre à le connaître et apprendre à voir à partir de son point de vue.

Quand nous suivons Jesus, l'un de choses de plus belle de suivre Jésus, c'est que Lui meme, il est en train de sculpté notre vie. La plupart des gens sont à la recherche pour une mission de Dieu. Mais, Dieu est à la recherche de changer totalement nos identités.

> *"Puis il dit à tous: Si quelqu'un veut venir après moi, qu'il renonce à lui-même, qu'il se charge chaque jour de sa croix, et qu'il me suive. Car celui qui voudra sauver sa vie la perdra, mais celui qui la perdra à cause de moi la sauvera."* (Luc 9:23-24)

Avant que Jésus ait dit a ses disciples de prendre leur croix et de le suivre, il a tout d'abord dit suivez moi, et je vous ferai pêcheurs d'hommes. Par la guidence de l'Esprit Saint, le Père nous emmène vers un processus, lorsque nous suivons son Fils Jésus. Ce qui veux dire devenir un pêcheur d'hommes c'est d'être désintéressé. Le cœur d'un pêcheur d'hommes est une personne qui se concentre sur le sauvetage des autres de l'esclavage, de la maladie, la pauvreté et même de l'enfer. C'est précisément ca ce que Jésus a fait sous l'arbre quand il a racheté sa vie pour toute l'humanité entière. Jésus a goûté la mort pour tous les hommes, parce qu'il ne veut pas qu'aucun périsse. Il est et train de nous faire devenir pêcheurs d'hommes en faisant en sorte que nous ne soyons plus disposés à regarder les gens périr. Il est en train de redresser l'église avec son royaume, et a travers Son Saint Esprit avec ces menneurs d'hommes qui ont son cœur et son esprit, et qui sont prêts à agir dans l'obéissance totale.

Dans le Royaume, il n'y a pas de compromis, c'est seulement la dévotion sincère et l'obéissance complète qui existe avec les bons motifs.

Quand Jésus dit à ses disciples: «Prennez vos croix et suivez-moi» Il le pensait vraiment. Beaucoup de ces disciples littéralement sont morts dans croix. La croix n'est pas seulement un signe de la peine capitale de l'Empire romain. Il est également un signe de guérison et de pardon.Depuis la croix, Jésus a prié pour que le Père pardonne les gens parce que, selon Jésus, ils ne savaient pas ce qu'ils faisaient. La croix accomplit la prophétie et révèle clairement Jésus et tout ce qu'Il est.

La vie crucifiée, c'est de vivre avec une prédisposition à pardonner les gens meme s'ils disent si oui ou non ils ou meme jamais qu'ils sont désolés. Jésus est mort pour nous alors que nous étions encore des pécheurs.. Il était prêt à nous pardonner avant que nous ayons même avoué de nous repentir.. De reprendre et charrier notre croix chaque jour, veux dire que nous somme sur le point de mourir au péché et à soi-même et d'être vivants à Dieu dans la mesure où nous sommes prêts à incarner les bonnes nouvelles du royaume. Et c'est en pardonnant aux gens qui n'ont pas lamenté ce qu'ils ont fait. Les Leaders libérerent le pardon, et Dieu se sert du pardon pour faire travailler la puissance de la repentance chez les gens.

Les menneur d'hommes devraient toujours être les initiateurs de la réconciliation.

> "*Si donc tu présentes ton offrande à l'autel, et que là tu te souviennes que ton frère a quelque chose contre toi, laisse là ton offrande devant l'autel, et va d'abord te réconcilier avec ton frère; puis, viens présenter ton offrande. laisse là ton offrande devant l'autel, et va d'abord te réconcilier avec ton frère; puis, viens présenter ton offrande.*" (Matthieu 5:23-24)

Dieu se préoccupe davantage de personnes que dans d'autre choses. Et c'est pour cela que dans le Royaume de Dieu, les relations ont plus d'importance qu'un cadeau. Nous anticipons que dans un processus de réconciliation la personne la plus mature devrait correspondre a etre la premiere personne a prendre l'initiative, meme s'il ou elle est innocent/e. C'est une grande image de Jésus.

La première étape, c'est de suivre Jésus en vers la transformation totale de l'intérieur. Lorsqu'il se révèle en nous, il fait un changement en nous, et Il nous rend semblables à lui. Nous pouvons être menneur d'hommes de dix personnes ou des millions mais nous restons, par-dessus tout, les disciples de Jésus. Notre première priorité devrait toujours être d'entendre Jésus et a le suivre. La seule façon de suivre Jésus, c'est d'obéir Ses commandements. Si nous ne l'obéissons pas, alors nous n'allons pas le suivre rien d'autre que dans nos propres imaginations. J'ai écrit ce livre pour ceux qui veulent vraiment suivre Jésus et de grandir dans une telle intimité avec Lui que vous seriez en mesure de dire aux autres: «Suivez-moi, que je suis en train de suivre le Christ», et être capable de povoir dormir pendant la nuit.

Processus et Formation

Chapitre 2

processus

1. une série d'actions ou les mesures prises afin de parvenir à une fin particulière: les opérations militaires pourrait mettre en péril le processus de paix.
• une série naturelle ou involontaire de changements: le processus de vieillissement.
• une série systématique des opérations mécanisées ou chimiques qui sont effectuées dans le but de produire ou fabriquer quelque chose: l'imprimante bloc moderne a besoin pour accueillir tous les processus de l'usine traditionnelles en une seule boutique.
• une série d'opérations interdépendantes menées par ordinateur.

formation

1. l'action de formation ou en cours de formation: la formation de la vallée du Grand Rift.
2. d'une structure ou d'un arrangement de quelque chose: une formation de nuages.

• une entente formelle d'un aéronef en vol ou des troupes: une formation de combat | les hélicoptères survolaient en formation.
• Géologie un assemblage de roches ou de séries de couches ayant une caractéristique commune.

Nous sommes formés pendant le parcours que nous prennons a suivre Jesus, et ce n'est que par l'obéissance à Ses commandements. Quand Jésus était sur la terre, les gens devaient le suivre littéralement à travers la Galilée et même à travers l'ensemble de la Samarie. Maintenant, nous le suivons à travers l'obéissance à Ses commandements.Ceci est rendu possible par le Saint-Esprit. Jésus est le suprêmement glorifiée Fils de Dieu qui est assis à la droite du Père.Il a été donné un nom qui est au-dessus de tous les noms, en fait, Jésus est le seul nom sous lequel les hommes puissent être sauvés, ce n'est pas sujet à débat . Il est le Seigneur et il n'y a pas d'autre que Lui. Maintenant que nous avons démontré que nous devons comprendre que nous sommes l'ouvrage créés en Jésus Christ pour faire de bonnes oeuvres. Et, parce que nous sommes son ouvrage, nous sommes créés pour faire des bonnes œuvres. Nous ne sommes pas sauvés par les bonnes œuvres que nous faisons, nous sommes sauvés pour faire de bonnes oeuvres. La plupart des gens savent de quoi qu'ils sont été sauvé : de l'enfer. Mais ils ne savent pas pour quoi ils sont ete sauvé pour: le paradis sur terre, le Royaume de Dieu vienne.

Nous sommes créés pour faire de bonnes œuvres, car nous sommes fruit de son oeuvre. *"Je suis persuadé que celui qui a commencé en vous cette bonne oeuvre la rendera parfaite pour le jour de Jésus Christ."* (Philippiens 1:6) Nous devons mettre notre confiance dans l'œuvre de Jésus. Sa labeur est encré dans son identité, ce qui veux dire que nous pouvons etre confiant qu'il va terminer ce qu'il a commencé a faire en nous. Car il est l'ecrivain et l'auteur et le consommateur de la foi, selon Hébreux 12:02. S'il ne termine pas ce qu'il a commence, alors il est un menteur. Le problème, c'est qu'il est la Vérité et Il ne peut fait pas mentir. Donc, nous avons besoin d'avoir assez de confiance en Lui pour le suivre de tout nos coeur.

Le trajet commence avant même que nous disons oui. Dieu le Père, dans les coulisses, Il est en train de nous désiner l'image de Jésus. *"Nul ne peut venir à moi, si le Père qui m'a envoyé ne l'attire; et je le ressusciterai au dernier jour."* (Jean 6: 44) Et ce n'est que la grâce de Dieu qui est deja en train de travailler en nous, pour nous amener à Lui.Quand nous disons que oui nous voulons suivre Jésus, au début très souvent nous n'avons aucune idée de ce que cela signifie vraiment donc il faut un certainement courage. Dieu dit à Josué dans Josué le chapitre un "soyez fort et très courageux." Josué allait dans des endroits qu'il n'avait jamais pensé d'etre, et de veincre les gens qu'il n'avait jamais vaincu auparavant. Dans la necesités d'avoir une intervention divine constante, Il allait se sentir inférieure et par conséquence c'etait importan td'avoir du courage. Et ce n'est pas seulement avoir du courage dans le cas de danger, c'est aussi avoir du courage de l'inconnu. Tous les menneur d'hommes doivent être forts et courageux. Il faut du courage pour bien dirigér les autres.

Les lâches ne sont pas des leaders. Dans le Roiyaumme, il n'y a pas des lâches. "*J'ai cherché l'Éternel, et il m'a répondu; Il m'a délivré de toutes mes frayeurs.* " (Psaumes 34:4) Lorsque vous avez trouvé le Seigneur Jésus, vous perdrez vos craintes. Permettez-moi de vous dire que: suivre Jésus fera son amour pour nous vaicre en toute totalité toutes les peurs. Il peut prendre un certain temps, mais Il est déterminé à finir l'oeuvre qu' Il a commencé en nous. Notre rôle est de continuer à avancer. Rappelez-vous, dans le Royaume de Dieu, il n'y a qu'une seule direction: est c'est vers l'avant.Un trajet qui conduit a l'inconnu aura toujours besoin de courage. Quand nous disons oui à ce trajet, nous recevons le courage nécessaire pour le processus, parce que la grâce est libérée dans le temps de besoin. Encore une fois, la grâce de Dieu est sur nous afin que nous puissions mettre notre foi en Lui. Quand notre foi est en Lui, nous le suivons. Marcher par la foi, c'est suivre Jésus. Les choses changent quand nous disons oui.

Ce livre est écrit pour ceux qui ont dit oui, et en fait ceux qui disent oui vont aussi dire oui je veux suivre Jésus.

Lorsque nous le suivons, nous sommes en train de grandir en lien avec Lui. Toutes les relations doivent être définies. La définition d'une relation est la chose même qui donne aux gens de la compréhension dont ils ont besoin pour se rapporter à l'autre personne. Vous devez connaître votre position avant que vous puissiez comprendre correctement comment marche Il. J'espère que cela vous aidera un un peu a comprendre. Le Christ en nous est le Le Seigneur ; Christ est débordes chez nous pour étendre son royaume. Il veut gouverner et régner en nous, afin qu'il puisse gouverner et régner à travers nous.Ce processus commence par l'invitation, qui est en fait une commande: *"Suis-moi"*.

Ce n'est pas chaque croyant qui est un disciple. Il y a des gens qui acceptent Jésus sur leur lit de mort, juste pour pouvoir rentrer dans le Royaume. Un bon exemple de cette réalité est le voleur à côté de Jésus sur la croix qui dit: *"Seigneur souviens-toi de moi dans ton Royaume."* Jésus lui répondit: "*Aujourd'hui tu seras avec moi dans le paradis.*"

Puis il y a ceux qui sont sauvés de leur passé, puis il y a ceux qui n'ont jamais compris tout ce que Jésus a pour eux dans le présent. L'église est remplie de chrétiens perdus. Ils sont comme le grand frère dans la troisième parabole de Luc 15. Ils habitent dans la maison de leaur Père, mais ils ne connaissent pas son cœur ou leur héritage. Dans le royaume, si vous voulez etre menneur d'hommes, vous devez d'abord suivre. Pour etre menneur d'hommes, vous devez d'abord connaître le cœur de vos Père et votre héritage. Cela n'est que seulement possible a traver de Jésus. Jésus révèle le cœur du Père en toutes les choses, et Ils nous montre comment marcher en tant que fils vers la maturité, dans le Royaume. Il est le Fils. Nous sommes ses fils. N'essayons pas de mettre Jésus à notre niveau. Il est Dieu. Nous ne sommes pas de Dieux!

Ceux qui continuent à le suivre dans les stades successifs de croissance sont ses disciples. *"Et il dit aux Juifs qui avaient cru en lui: Si vous demeurez dans ma parole, vous êtes vraiment mes disciples."*(Jean 8:31) La condition de disciple a très peu à voir avec la compréhension, et tout cela a quelquechose à voir avec la foi, qui grandit en confiance.

> *"Jésus leur dit: En vérité, en vérité, je vous le dis, si vous ne mangez la chair du Fils de l'homme, et si vous ne buvez son sang, vous n'avez point la vie en vous-mêmes.Celui qui mange ma chair et qui boit mon sang a la vie éternelle; et je le ressusciterai au dernier jour. Car ma chair est vraiment une nourriture, et mon sang est vraiment un breuvage.Celui qui mange ma chair et qui boit mon sang demeure en moi, et je demeure en lui. Comme le Père qui est vivant m'a envoyé, et que je vis par le Père, ainsi celui qui me mange vivra par moi. C'est ici le pain qui est descendu du ciel. Il n'en est pas comme de vos pères qui ont mangé la manne et qui sont morts: celui qui mange ce pain vivra éternellement. Jésus dit ces choses dans la synagogue, enseignant à Capernaüm. Plusieurs de ses disciples, après l'avoir entendu, dirent: Cette parole est dure; qui peut l'écouter? Jésus, sachant en lui-même que ses disciples murmuraient à ce sujet, leur dit:Cela vous scandalise-t-il? Et si vous voyez le Fils de l'homme monter où il était auparavant? C'est l'esprit qui vivifie; la chair ne sert de rien. Les paroles que je vous ai dites sont esprit et vie. Mais il en est parmi vous quelques-uns qui ne croient point. Car Jésus savait dès le commencement qui étaient ceux qui ne croyaient point, et qui était celui qui le livrerait. Et il ajouta: C'est*

> *pourquoi je vous ai dit que nul ne peut venir à moi, si cela ne lui a été donné par le Père. Dès ce moment, plusieurs de ses disciples se retirèrent, et ils n'allaient plus avec lui. Jésus donc dit aux douze: Et vous, ne voulez-vous pas aussi vous en aller? Simon Pierre lui répondit: Seigneur, à qui irions-nous? Tu as les paroles de la vie éternelle."* (Jean 6:53-68)

Lorsque certains des disciples de Jésus n'ont pas compris le but, ils ont cessé de le suivre. Les gens s'arrêtent souvent à la suite de Jésus, soit parce qu'ils ne comprennent pas ce qu'il a dit, ou bien parce qu'ils ne comprennent pas un certain événement dans leur propre vie. N'oubliez pas que c'est par la foi que nous comprenons. Les disciples qui ont continué à marcher par la foi plus tard ont compris le sens de "vous devez manger ma chair et boire mon sang." Ce discours, c'est pour croire et de recevoir Jésus et son sacrifice sur l'arbre.

Dans le processus de formation de condition de disciples, nous devons garder nos coeurs contre les offenses. Souvent, les gens peuvent être choqués par ce qu'ils ne comprennent pas. Beaucoup de disciples de Jésus ne l'ont pas suivi parce leur propre offense leur depassé l'esprit. Jésus se tourna vers ses disciples qui étaient restés et leur a demandé "Cela vous offense-t-il?" Et "Est-ce que vous allez arrêter de me suivre aussi?"

L'ennemi travaille dur pour essayer de nous séduire et de nous faire sentir offensé par Dieu. Les bonnes qualités du disciple mène à l'amitié si nous continuons dans la parole de Jésus et a le garder en le suivant, même si nous ne comprenons pas. Il est essentiel de garder nos cœurs contre les offenses. La foi n'a pas besoin des explications. Dieu ne nous doit pas des explication. Les disciples qui ont continué a marcher dans sa parole ont peut-être commencé à comprendre l'expression "Celui qui mange ma chair et boit mon sang" à la dernière Cène. De ses blessures, debordent la guérison. De sa mort, les ressorts de la vie éternelle a le suivre. Vraiment il n'y a personne comme lui.

> "*Tels sont les douze que Jésus envoya, après leur avoir donné les instructions suivantes: N'allez pas vers les païens, et n'entrez pas dans les villes des Samaritains; allez plutôt vers les brebis perdues de la maison d'Israël. Allez, prêchez, et dites: Le royaume des cieux est proche. Guérissez les malades, ressuscitez les morts, purifiez les lépreux, chassez les démons. Vous avez reçu gratuitement, donnez gratuitement. Ne prenez ni or, ni argent, ni monnaie, dans vos ceintures; ni sac pour le voyage, ni deux tuniques, ni souliers, ni bâton; car l'ouvrier mérite sa nourriture. Dans quelque ville ou village que vous entriez, informez-vous s'il s'y trouve quelque homme digne de vous recevoir; et demeurez chez lui jusqu'à ce que vous partiez.*" (Matthieu 10:5-11)

Jésus a envoyé ses disciples prêcher au sujet du royaume et guérir les malades. Il a mis beaucoup de conditions par rapport où ils devaient aller, sur ce qu'ils devaient faire, où ils devraient rester, et savoir quand est-ce qu'il fallait bouger. Les disciples sont suiveurs disciplinés qui peuvent écouter attentivement et suivre sans aucune réserve. Les Disciples prête attention aux détails. En condition de disciple, nous sommes plutot définis par qui nous suivons. Au cours de l'etape de condition de disciple, nous apprenons la foi et nous deviendrons digne de confiance.

Dans la formation de disciple, le Bon Dieu est réellement en train de calibrer nos coeurs pour des principes de l'amitié. Les vérités que nous apprenons dans la formation d'etre disciple, c;est que nous ne pouvons pas négliger l'amitié. Le processus de suivre Jésus fait de nous des suiveurs, des disciples et des amis. Cela ne veut pas dire que nous devons arrêter de suivre.

> "*Si vous portez beaucoup de fruit, c'est ainsi que mon Père sera glorifié, et que vous serez mes disciples. Comme le Père m'a aimé, je vous ai aussi aimés. Demeurez dans mon amour. Si vous gardez mes commandements, vous demeurerez dans mon amour, de même que j'ai gardé les commandements de mon Père, et que je demeure dans son amour. Je vous ai dit ces choses, afin que ma joie soit en vous, et que votre joie soit parfaite. C'est ici mon commandement: Aimez-vous les uns les autres, comme je vous ai aimés. Il n'y a pas de plus grand amour que de donner sa vie pour ses amis. Vous êtes mes amis, si vous faites ce que je vous commande. Je*

> *ne vous appelle plus serviteurs, parce que le serviteur ne sait pas ce que fait son maître; mais je vous ai appelés amis, parce que je vous ai fait connaître tout ce que j'ai appris de mon Père. Ce n'est pas vous qui m'avez choisi; mais moi, je vous ai choisis, et je vous ai établis, afin que vous alliez, et que vous portiez du fruit, et que votre fruit demeure, afin que ce que vous demanderez au Père en mon nom, il vous le donne.*" (Jean 15:8-16)

L'obéissance est le facteur commun entre la formation du disciple et l'amitié. La différence entre les deux niveaux de relation c'est la révélation.

Les Amis savent ce que les disciples ne savent pas. Les Amis ont le plus grand niveau d'accès l'uns sur lest autres.Il ya des gens dans ma vie que servie entant que guide/mentor, ils ne me connaissent pas comme mes amis me connaissent. Etre transparent est un élément clé de l'authenticité dans toute le sens de la parole. La transparence peut, et doit, exister entre les leaders et les suiveurs, les enseignants et les étudiants. Mais dans les relations il y a des différents privilèges. Voici un exemple, mon frère peux prendre ma voiture pour aller à Starbucks (une cafeterie americaine) sans demander de la permission et cela ne me dérange pas vraiment. Cependant, un étudiant ou un apprenti dans notre ministère n'a pas ce même privilège. Quand nous marchons avec Dieu, notre relation avec Lui devient plus profonde, apportant plus de privilège et une grande responsabilité.

Quand Dieu révèle quelque chose pour nous, il est en train de dire «Je t'aime et je veux mettre à jour de votre identité a propos de moi, et clarifier le but que vous avez dans mon royaume." Par le grand amour de Jésus pour nous, la porte de la révélation est ouvert à nous. Comme nous marchons avec le Seigneur, il se révèle Lui-même en nous, et Son plan pour nous est egalement revelé. Comme nous continuons à marcher avec le Seigneur, Il nous donne la compréhension pour pouvoir comprendre la révélation. La revelation devrait nous conduire au verbe actuer si nos cœurs sont bien disposé.

L'amitié avec Jésus est basé sur deux choses: 1. Ce qu'il nous révèle. 2. Notre obéissance. Jésus a dit: "Vous êtes mes amis si vous faites ce que je vous commande." Il est toujours fidèle à nous révéler des choses, la question a poser n'est jamais par rapport a sa fidélité mais de notre obéissance. Il est important que nous mettons de notre part. Dieu ne peut pas faire ce qui nous correspond a nous de faire et nous ne pouvons pas faire Sa part. Encore une fois, entre la disciple et l'amitié, l'obéissance est le fateur commun.

La Comprehension doit nous conduire à une sorte de rôle principale entant que disciple dans la vie des autres. Quand je dis le mot leader, je veux dire en fait serviteur. Le fondement de toute relation saine est la confiance. Quand Dieu vour révèle quelque chose, il effectivement vous dit qu'il a confiance en vous.

Le bon Dieu nous révèle aujourd'hui ce qu'il prépare pour nous dans l'avenir, et c'est bien pour cette raison que nous ne devrions pas nous inquiéter à ce sujet. L'autre raison c'est que Jésus nous a ordonné de ne pas se soucier du lendemain. Quand nous nous inquiétons du lendemain , nous sommes en train de prendre du temps de notre moment present. Le diable est sérieux quand il nous prends notre temps et c'est parce que son temps et les ressources sont limitées.

* * *

> *"Survinrent sa mère et ses frères, qui, se tenant dehors, l'envoyèrent appeler. La foule était assise autour de lui, et on lui dit: Voici, ta mère et tes frères sont dehors et te demandent. A Et il répondit: Qui est ma mère, et qui sont mes frères? Puis, jetant les regards sur ceux qui étaient assis tout autour de lui: Voici, dit-il, ma mère et mes frères. Car, quiconque fait la volonté de Dieu, celui-là est mon frère, ma soeur, et ma mère."* (Marc 3:31-35)

La famille de Jésus est définie par l'obéissance. La famille de Dieu ne sont pas ceux qui prient pour la volonté de Dieu sois faites, mais ceux qui font la volonté de Dieu. N'oubliez pas que tous les leaders donnent de l'exemple. La qualités de menneur d'hommes/leadership est un mode de vie, pas un titre. Le facteur commun de disciples, l'amitié et la filiation, c'est l'obéissance au Père à travers les commandes de son Fils unique. Jésus est le Seigneur. Par conséquence, nous devons lui obéir. C'est aussi simple que cela. Jésus nous forme par notre obéissance à Lui.

"*Mes enfants, pour qui j'éprouve de nouveau les douleurs de l'enfantement, jusqu'à ce que Christ soit formé en vous.*" (Galates 4:19). Nous sommes également formé a travers l'intercession des autres. C'e n'est que grâce à l'intercession apostolique que le Christ est formé en nous. Les pères dans l'esprit forment des fils et des filles dans le lieu de prière. Les gens ne sont pas seulement formés par ce que nous leur disons, mais aussi, ils sont formés par ce que nous prions.

Dans le Chapitre de Marc 3:31-35, nous apprenons quelques vérités simples sur la volonté de Dieu . Jésus doit être le centre de tout ce que nous faisons, et quand on l'ecoute cela nous rapproche a tous et nout met dans un meme esprit . Les menneur d'hommes peuvent créer ou faciliter un Royaumme qui soit une communauté Uni et authentique dans un cadre d'entendement et d'obéissaince à Jésus. L' unité de la communauté sera aussi forte et aussi grande que la puissance de l'obéissance que la communauté de Jésus possede. La volonté du Père a la frangancele de Son Fils, Jésus est la volonté de Dieu manifesté dans la chair . Il n'ya rien de plus profond que lui. La première priorité de la qualités d'un menneur d'hommes est de connaître Jésus et continuer à apprendre de Lui. Quand on sait à quoi il ressemble , nous pouvons l'introduire correctement et le représenter dans le monde qui nous entoure.

Considérez ceci: les gens qui affirment représenter Christ, mais ils ne savent rien vraiment de lui, finissent par agir comme les politiciens et les bureaucrates du monde. Ils vont utiliser les compétences politiques ou sociaux pour etre bien en apparence et se faire des amis pour leur patron, mais ils vont toujours se mettre en péril parce que leurs allégeances et les valeurs fondamentales ne sont pas solidifiées. Un véritable ambassadeur représente une nation et celle de son patron sur une base d'engagement fondamental qui se trouve dans le caractère et la mission de la nation et les dirigeants pour qu'il ou elle se dirige en parlant. Le résultat sera un message inébranlable et attitude. Sur un niveau de profondeur, nous voulons représenter le Père en tant que fils dans une relation intime, pas comme des orphelins qui ne connaissent pas encore la permanence de leur adoption.

In Luc 15 Jésus raconte l'histoire d'un bon père et ses deux frères. Ce compte est souvent désigné comme la parabole du fils prodigue. Mais le point de l'histoire n'est ni la stupidité de le plus jeune fils, ni l'aveuglement spirituel du fils aîné. La mise au point est mis dans la bonté du Père. Il ya quelque chose sur le fils aîné, nous devons savoir. Lui, comme beaucoup de croyants, a vécu dans la maison du Père, mais n'a pas eu le cœur du Père. Comme il n'avait pas le cœur du Père, il ne savait ce qui était vraiment le sien. Quand on connait le cœur du Père, nous savons ce qui est le nôtre et ce que nous devons faire avec ce qui a été confié à nous. Voici un bref exemple:

> *"Pierre et Jean montaient ensemble au temple, à l'heure de la prière: c'était la neuvième heure.Il y avait un homme boiteux de naissance, qu'on portait et qu'on plaçait tous les jours à la porte du temple appelée la Belle, pour qu'il demandât l'aumône à ceux qui entraient dans le temple;Cet homme, voyant Pierre et Jean qui allaient y entrer, leur demanda l'aumône. Pierre, de même que Jean, fixa les yeux sur lui, et dit: Regarde-nous. Et il les regardait attentivement, s'attendant à recevoir d'eux quelque chose. Alors Pierre lui dit:* ***Je n'ai ni argent, ni or; mais ce que j'ai, je te le donne: au nom***

> ***de Jésus Christ de Nazareth, lève-toi et marche.****' Et le prenant par la main droite, il le fit lever. Au même instant, ses pieds et ses chevilles devinrent fermes; d'un saut il fut debout, et il se mit à marcher. Il entra avec eux dans le temple, marchant, sautant, et louant Dieu."* (Actes 3:1-8)

Pierre savait ce qu'il possedé et il connaissait comment donner. Les fils dans le Royaume savent ce qu'ils ont reçu et savent comment donner. Nous donnons seulement par le nom sous lequel nous l'avons reçue - le nom de Jésus.

Le Royaume de Dieu ne s'agit pas seulement des disciples et de l'amitié, il s'agit aussi de l'adoption filiale et de la famille. Tout dans le Royaume est dans le contexte de la famille.

> *"Mais celui qui a été abaissé pour un peu de temps au-dessous des anges, Jésus, nous le voyons couronné de gloire et d'honneur à cause de la mort qu'il a soufferte, afin que, par la grâce de Dieu, il souffrît la mort pour tous. Il convenait, en effet, que celui pour qui et par qui sont toutes choses, et qui voulait conduire à la gloire beaucoup de fils, élevât à la perfection par les souffrances le Prince de leur salut. Car celui qui sanctifie et ceux qui sont sanctifiés sont tous issus d'un seul. C'est pourquoi il n'a pas honte de les appeler frères, " (Hébreux 2:9-11)*

Jésus, étant Dieu, n'a pas honte de nous appeler frères parce que nous sommes en Lui et Il est en nous.

Cela ne veut pas dire que nous sommes des dieux. Cela signifie qu'il est Dieu et grâce à ses grandes et précieuses promesses, nous sommes participants de sa nature divine. Cela n'enlève rien à sa divinité, il en fait juste que nous soyons citoyens de son royaume et participants de sa nature divine. Tout le monde dans le Royaume est une famille. Les disciples de Jésus sont devenus ses amis à travers ce qu'Il a révélé à eux. Sur l'ensemble de ces disciples qui sont devenus ses amis, il a appelé un seul d'entre eux frère - indirectement - avant sa résurrection.

Le jour de la crucifixion, sur la colline du crâne ou Golgotha, Jésus était nu sur un arbre avec un voleur à sa droite et un voleur sur sa gauche. Il a été blessé au delà de toute description. Les mots ne peuvent pas communiquer pleinement ce que Jésus ressemblait physiquement."*De même qu'il a été pour plusieurs un sujet d'effroi, -Tant son visage était défiguré, Tant son aspect différait de celui des fils de l'homme,*" (Isaiah 52:14) À ce stade, il ressemblait à une grosse plaie, totalement déchiré, tous ses os hors de place, mais pas une panne. Il a parlé la depuis cet endroit, et voici ce qu'il dit:

> "Jés*us, voyant sa mère, et auprès d'elle le disciple qu'il aimait, dit à sa mère: Femme, voilà ton fils !Puis il dit au disciple: Voilà ta mère Et, dès ce moment, le disciple la prit chez lui.*" (Jean 19:26-27)

Jésus ici indirectement appelé Jean le bien-aimé, son frère, en disant à sa mère, Marie de regarder ton fils et en disant à Jean de regarder a sa mère. Ici,

Jésus donnait à John le privilège de prendre soin de sa mère, et Il a donné de l'assurance a sa mère en disant que vous serez pris en charge par un homme qui sait comment se tenir debout dans l'adversité et qui s'identifique avec moi dans la souffrance. Rappelez-vous ceci: les relations les plus précieuses sont celles qui ont le plus de responsabilités qui leur sont rattachés. Pour l'esprit renouvelé, la responsabilité est vraiment un privilège. Ce n'etait qu'après la résurrection de Jésus qu'il a appelé le reste de ses disciples frères. Jean 20:17 raconte: "*Jésus lui dit: Ne me touche pas; car je ne suis pas encore monté vers mon Père. Mais va trouver mes frères, et dis-leur que je monte vers mon Père et votre Père, vers mon Dieu et votre Dieu.*"

Jésus a dit que ceux qui font la volonté de Dieu, seront ma mère et mon frère et soeurs. C'était la volonté de Dieu pour Jean le bien-aimé à voir l'Agneau de Dieu alors qu'il prenait les péchés du monde, et c'est pourquoi Jésus lui adressa la parole en tant que frère indirectement et lui a confié la grande responsabilité et le privilège de prendre soin de Marie.Ceux qui se tiennent debut avec les autres sont ceux qui on peut faire confiance. Dans le Royaume, nous sommes récompensés par rapport a la relation que nous avond avec les gens aussi, pas seulement pour les choses. Le Royaume n'est pas un jeu télévisé. Quand nous sommes dignes de confiance et fidèle, Dieu en Christ nous confie ceux qu'il aime.

Les menneur d'hommes se tiennent les un avec les autres dans leurs heures les plus sombres. Les menneur d'hommes assument la responsabilité pour les autres. Ils S'occupent des autres, c'est vraiment de cela de quoit s'agit d'etre un menneur d'homme. L'amitié a ses privilèges, mais dans ce qui concerne la famille il y a la dimension supplémentaire de responsabilité. Les liens familiaux sont incassables et c'est ainsi que nous devons vivre dans le Royaume. L'union au Christ n'est pas simplement au sujet de Jésus. L' union avec le Christ doivent définir la façon dont nous traitons les uns les autres. Dans le royaume, la croix de Jésus doit être considérée dans la façon dont nous traitons les uns les autres, et même dans la façon dont nous traitons nos ennemis.

Rester Determiné Meme Dans le Rejet

Chapitre 3

rejet

le licenciement, refus d'une proposition, idée, etc: le syndicat a décidé la nuit dernière à recommander le rejet de l'offre.

• le repoussant des affections de la personne: des gens sont réticents à essayer, parce qu'ils craignent d'être rejetés.

Art Mathias dit, "Le rejet est la plus douloureuse de toutes les émotions humaines."Soyons honnêtes avec nous-mêmes , être rejeté n'est pas un bon sentiment pour nous tous . Avant de devenir menneur d'hommes, nous devons nous assurer que nous n'allons pas suivre le sentiment de rejet . Si quelqu'un nous rejette , nous devons rejeter cette notion et ne pas être défini par une faible opinion de nous qui viens de quelqu'un d'autre. Si nous sommes definie par quelqu'un d'autre qui n'est pas Jesus, alors c'est une insulte au Père . La plupart des gens ont été rejetées par un membre de la famille ou par un guide religieux, dans certains temps de nos vie . Jésus a été rejetée de sorte que la nouvelle création peuvent être acceptée . Pour lui, nous sommes acceptés et c'est vraiment ce qui importe. Quand nous affrontons le rejet complet chez les personnes, cela veut dire que nous sommes en train d'apprendre la persévérance de Dieu . Quand nous sommes en train de experimenté le rejet de l'homme , Dieu est réellement nous donne la maîtrise de soi-meme. Dieu est si bon qu'l ne nous rejette pas. Même dans le rejet de l'homme, nous sommes effectivement en train de recevoir de la patience, de la persévérance et de la long suffrance de Dieu. Ce sont trois attributs que tous les menneurs d'hommes auront besoin. Rappelez-vous que dans les afflictions temporaires Dieu nous submerge d'une gloire éternel. Ce qui se passe à l'extérieur est juste en train de faire quelque chose à l'intérieur. Dieu sait comment autoriser les contrainte sur nous pour faire quelque chose en nous. Quand les gens nous rejettent, Dieu est réellement investi en nous. Le rejet est une affection temporaire lumière qui produit quelque chose d'assez lourd pour l'éternité.

Dieu est le meilleur investisseur jamais vu. Rappelez-vous Jésus quand Il etait un jeune homme a dit, "Je dois être aux affaires de mon Père." Vous faites parti de les affaires du Père à cause du Christ. Vous êtes ce que le Père a fait. Il a investi Son fils Jésus en vous et il s'attend à ce que Jésus à couler à travers vous.

Joseph le rêveur a été accepté par Dieu ainsi que ses frères l'ont rejeté et l'ont vendu comme un esclave. Vous savez que vous avez la faveur de Dieu quand les gens sont jaloux de vous. En fait, un bon signe de que quelqu'un a vraiment la faveur de Dieu est que les autres sont jaloux de lui.Avoir la faveur de Dieu n'est pas quelquechose qui est juste dans les yeux des autres, donc il produit jalousie chez ceux qui n'ont pas de pouvoir sur leurs propres esprits. Les frères de Joseph l'ont rejeté avant leur avait arrivée de se prosternèrent devant lui. La jalousie a gouverné les frères de Joseph tellement qu'ils l'ont a mis en esclavage. L'homme qu'ils ont vendu en esclavage était en fait la clé pour leur avenir, C'est drôle quand meme comment cela a marche, hein? Joseph ne les a pas rejeter parce qu'il n'a pas laissé que le rejet lui tourne la vie amer.Il laissa que le rejet de ses frères lui mettre dans un meilleur place pour son avenir. Nous devons choisir de ne jamais être victime de la façon dont les autres pensent de nous. Les promesses de Dieu doivent définir notre comportement. Juste parce que vous avez traversée un certain rejet ne signifie pas que vous êtes rejeté. Un conseil, il ne faut pas dire à vos rêves a vos demi-frères. Un demi-frère est quelqu'un qui vous tolère, mais il ne va pas célébrer votre joy avec vous. Un demi-frère est quelqu'un qui est en concurrence avec vous à cause de ses insécurités. Il ne faut jamais laissez l'insécurité de quelqu'un d'autre vous séduire en concurrence avec eux. Dans le royaume de Dieu, il n'y a pas de concurrence parce que dans le royaume il ne manque de rien. La manque de quelquechose est ce qui rend la concurrence une possibilité. Dans notre pays, il ne manque de rien, donc pas en tant que leaders dans le royaume, nous devons absolument rejeter l'idée de la concurrence. Si quelqu'un a subi le rejet et n'a pas été guéri, ce qu'ils vont faire toujours c'est de chercher à rivaliser avec les autres. La concurrence est un fruit de rejet. Les menneur d'hommes qui cherchent l'unité ne peuvent souvent pas la trouver parce qu'ils n'ont pas été guéris du rejet passé et donc ils sont encore en compétition avec les personnes qu'ils cherchent joindre. Les racines du rejet sont profondes et doivent être rompu.Quelqu'un qui a souffert de rejet ne sera pas en mesure d'aller en profondeur dans les relations significatives jusqu'à ce que la plaie est guérise. Le rejet infecte dont nous ce que nous voyons et affecte de la façon dont nous traitons les autres. Nous devons permettre à Dieu de nous guérir pour que nous puissions être libres et à leur tour apprendre à traiter et se rapportent à d'autres correctement.

Le roi David a été rejetée par son père Jesse quand Samuel le prophète, vint à sa maison pour l'oindre roi. David a également été rejeté par ses frères avant de sortir et tué Goliath et il lui coupé la tête avec sa propre épée. Les Philistins même ont rejeté David. Puis, juste avant qu'il monte sur le trône, ses hommes l'ont rejeté en raison de leur propre douleur à Tsiklag. Chaque fois que David a été rejetée, il a peu de temps après vaincu car il a persévéré dans sa vocation. Alors que c'est le Rejet qui précède généralement le triumphe .Lorsque vous vous rencontrez face a face au rejet, alors sachez que ce n'est que juste qu'une vaincement qui est vraiment en train de frapper à votre porte. Il est essentiel de discerner le rejet dans cette periode dont la saison, que vous etes en train de l'experimenter. Lorsque vous rencontrez le rejet, l'ennemi tente de vous faire sentir fatigué et vous épuise. Il faut refuser d'être usé par le rejet et aller a l'avant dans le royaume. Cette réalité est vu avec Elie et Elisée.

Elie était le mentor de Elisha ou père spirituel. Elisha servi Elie bien et pour les bons motifs. Les motifs d'Élisée etaient claires dès le début. Il cuisine immédiatement Elijah un repas avec des bœufs de son Père. Elisée était-il la pour ce qu'il pouvait donner, pas pour ce qu'il pourrait obtenir.Elisée était fidèle à Dieu dans son service à Élie.

> *"Lorsque L'ÉTERNEL fit monter Élie au ciel dans un tourbillon, Élie partait de Guilgal avec Élisée. Élie dit à Élisée: Reste ici, je te prie, car L'ÉTERNEL m'envoie jusqu'à Béthel. Élisée répondit: L'ÉTERNEL est vivant et ton âme est vivante! je ne te quitterai point. Et ils descendirent à Béthel. Les fils des prophètes qui étaient à Béthel sortirent vers Élisée, et lui dirent: Sais-tu que L'ÉTERNEL enlève aujourd'hui ton maître au-dessus de ta tête? Et il répondit: Je le sais aussi; taisez-vous. Élie lui dit: Élisée, reste ici, je te prie, car L'ÉTERNEL m'envoie à Jéricho. Il répondit: L'Éternel est vivant et ton âme est vivante! je ne te quitterai point. Et ils arrivèrent à Jéricho. Les fils des prophètes qui étaient à Jéricho s'approchèrent d'Élisée, et lui dirent: Sais-tu que L'ÉTERNEL enlève aujourd'hui ton maître au-dessus de ta tête? Et il répondit: Je le sais aussi; taisez-vous. Élie lui dit: Reste ici, je te prie, car l'Éternel m'envoie au Jourdain. Il répondit: L'ÉTERNEL est vivant et ton âme est vivante! je ne te quitterai point. Et ils poursuivirent tous deux leur chemin. Cinquante hommes d'entre les fils*

> *des prophètes arrivèrent et s'arrêtèrent à distance vis-à-vis, et eux deux s'arrêtèrent au bord du Jourdain. Alors Élie prit son manteau, le roula, et en frappa les eaux, qui se partagèrent çà et là, et ils passèrent tous deux à sec. Lorsqu'ils eurent passé, Élie dit à Élisée: Demande ce que tu veux que je fasse pour toi, avant que je sois enlevé d'avec toi. Élisée répondit: Qu'il y ait sur moi, je te prie, une double portion de ton esprit! Élie dit: Tu demandes une chose difficile. Mais si tu me vois pendant que je serai enlevé d'avec toi, cela t'arrivera ainsi; sinon, cela n'arrivera pas. Comme ils continuaient à marcher en parlant, voici, un char de feu et des chevaux de feu les séparèrent l'un de l'autre, et Élie monta au ciel dans un tourbillon. Élisée regardait et criait: Mon père! mon père! Char d'Israël et sa cavalerie! Et il ne le vit plus. Saisissant alors ses vêtements, il les déchira en deux morceaux, et il releva le manteau qu'Élie avait laissé tomber. Puis il retourna, et s'arrêta au bord du Jourdain; il prit le manteau qu'Élie avait laissé tomber, et il en frappa les eaux, et dit: Où est L'ÉTERNEL, le Dieu d'Élie? Lui aussi, il frappa les eaux, qui se partagèrent çà et là, et Élisée passa."*
> (2 Rois 2:1-4)

Lorsque nous le lisons ce texte, rappelons-nous que nous lisons un vrai livre avec de vraies personnes en elle. Ces gens sont comme vous et moi, selon Jacques 5:17 "*Élie était un homme de la même nature que nous: il pria avec instance pour qu'il ne plût point, et il ne tomba point de pluie sur la terre pendant trois ans et six mois.*" Nous devons tenir en compte que ces gens ont des espoirs et des sentiments. Ainsi, l'histoire commence avec Elijah qui veux essayer de se débarrasser d'Élisée dans le nom du Seigneur. Avez-vous déjà été rejetée au nom du Seigneur? La seule chose que les menneurs d'hommes doivent faire attention c'est à ce que nous faisons au nom du Seigneur.Il ne faut pas rejeter les gens et les traites mal au nom de Jésus. Il ne faut pas faire quelque chose immature puis blâmer Dieu. Nulle part est-il dit dans le texte que Dieu envoie Elie nulle part tout seule. Nous devons être en mesure de voir la différence entre notre volonté et la volonté de Dieu. Ne mettons pas le nom de Dieu sur notre volonté et appellent sa volonté.

Juste avant que Élie se fait menné au ciel avec un tourbillon dans un char de feu, il rejette littéralement son fils spirituel quatre fois. Quand Élie est à Guilgal il avait dit a Elisée que le Seigneur lui envoie à Bethel, alors qu'il est à Bethel il dit Elisée que le Seigneur lui envoie à Jéricho. Alors que Elijah est à Jéricho il lui avait dit Elisée le Seigneur lui envoie à la Jordanie. Elisha presse contre le rejet d'un père spirituel ou un mentor. Directement après presser contre ce rejet réel et très douloureux, il a reçu le manteau d'Elie. Elisha avait reçu ce que Elie n'a pas eu le povpir de lui donner,car il a persévéré dans sa vocation et il avait pressé en contre le rejet. Lorsque nous apprenons la persévérance nous obtenons la capacité, afin de gérer ce que nous n'avions pas auparavant, la possibilité de recevoir ou deleguer. Quand Elisée a servi Dieu en servant Elie il a été purgé de l'ambition égoïste. Lorsque nous servons

Dieu en servant les autres, nous sommes aussi purgés d'ambitions égoïstes.Elisée a aimé plus son père que les chars de feu. Cette relation était plus importante pour lui que d'une expérience surnaturelle. Je ne suis pas de toute façon en train de dévaluer le surnaturel. Le surnaturel est inestimable, mais les relations sont ainsi. Je tiens à vous rappeler que lorsque Elie d'abord essayé de secouer Elisha, Elisée ne cherchait pas une double portion de ce qui était Elie. Elisée cherchait simplement Élie, pas ce qu'il pouvait faire pour lui. En fait Elisée a pressé contre le rejet d'Élie meme avant qu'il aille demandé Elie pour quelquechose. Comme Elisée pressé contre le rejet, il a appris pour ce qu'il faut prier. Ce qui nous fait comprendre pour ce que nous devons prier, je tiens à dire que c'est la perseverance dans notre vocation et notre pression contre le rejet . Nous pouvons dire Elisha avait le cœur droit, car dès qu'il a reçu ce qu'il demandait, la première chose qu'il voulait savoir "où est le Seigneur Dieu d'Elie?" Elisha a mit de la perseverance pour recevoir ce que Dieu avait pour lui. Il pressa par ce qu'il ne comprenait pas et a reçu ce que l'argent ne pouvait pas acheter. Je veux vous encourager à appuyer contre le rejet et de recevoir tout ce que Dieu a pour vous.

Un grand nombre de refus est effectivement perçu comme un rejet. Ce n'est pas vraiment un rejet. Il s'agit en fait d'une tromperie. La plus grande partie des rejet vienne de personnes qui souffrent du rejet qui est lié dans la perception de soi meme. En d'autres termes, les gens ne sont pas vraiment en train de leur rejetté, mais c'est ce qu'ils perçoivent. Les gens qui manquent de discernement ou de compréhension imposent le rejet sur eux-mêmes parce qu'ils ne comprennent pas au faite ce que quelqu'un d'autre est en tarin de communiquer. Voici un bref exemple. Disons que quelqu'un fait quelque chose de mal et cette personne et mit en correction. Souvent, les gens qui sont blessés ou ne sont pas propices à l'apprentissage perçoivent la correction comme un rejet, quand il n'est pas. Un autre exemple serait un groupe de discussion au cours de laquelle quelqu'un suggère une idée qui n'est pas sollicité. Si la personne qui a proposé l'idée n'est pas positif à l'intérieur, il ou elle peut se sentir rejeté.

Joseph, le rêveur a été rejeté par ses frères. Cela n'a pas été perçue en tant que rejet. C'etait au faite, un rejet réel. David a été effectivement rejetée par son père, les frères, les Philistins et ses hommes. Même son fils Absalom a rejeté sa direction et s'est révolté contre lui.

Le rejet aperçu est auto-infligée, alors que le rejet est infligée par d'autres. Il ya une différence et il est important que nous comprenions la différence afin que nous puissions discerner comment répondre plutôt que de simplement réagir. Dans l'évangile de Jean, il y a un très bon exemple du rejet aperçu que nous pouvons apprendre.

> *"Je vous donne un commandement nouveau: Aimez-vous les uns les autres; comme je vous ai aimés, vous aussi, aimez-vous les uns les autres. A ceci tous connaîtront que vous êtes mes disciples, si vous avez de l'amour les uns pour les autres. Simon Pierre lui dit: Seigneur, où vas-tu? Jésus répondit: Tu ne peux pas maintenant me suivre où je vais, mais tu me suivras plus tard. Seigneur, lui*

dit Pierre, pourquoi ne puis-je pas te suivre maintenant? Je donnerai ma vie pour toi. Jésus répondit: Tu donneras ta vie pour moi! En vérité, en vérité, je te le dis, le coq ne chantera pas que tu ne m'aies renié trois fois." (Jean 13:34-38)

Jésus dit a Pierre directement que, après avoir d'avoir quitté tout et le suivre pendant trois ans, qu'il ne pouvait plus le suivre. Il lui également été dit à Pierre qu'il allait lui dementir. Et Pierre a fait exactement comme l'avait dit Jésus. Cela pourrait facilement être aperçu comme un rejet dans l'esprit de Pierre. Donc voilà un autre example dans ce texte, nous sommes en train de voir l'esprit du rejet réel qui se passe. Quand Jésus dit à Pierre qu'il allait le dementir trois fois avant le "coq chantera" ce qu'il a été en train de dire c'est que Pierre allait dementir ouvertement a Jésus trois fois en une journée. Donc, dans ce texte ce que Jésus voulait faire Pierre comprendre, c'est de qu'il n'etait pas en mesure de lui suivre où il allait, et pourtant ceci peut facilement être aperçu comme un rejet. Meme si on est bien d'accord que Jésus ne rejetait pas Pierre pour le suivre. Malgré tout le fait que Pierre a dementie Jésus n'a pas été aperçue comme rejet, c'etait un rejet réel.

Et voici un autre dit.

"***J'ai encore beaucoup de choses à vous dire, mais vous ne pouvez pas les porter maintenant.*** *Quand le consolateur sera venu, l'Esprit de vérité, il vous conduira dans toute la vérité; car il ne parlera pas*

> *de lui-même, mais il dira tout ce qu'il aura entendu, et il vous annoncera les choses à venir.*" (Jean 16:12-13) (Encore une fois l'accent sur les characteres en gras.)

Ici, Jésus dit j'ai des choses à vous dire, mais je sais que vous n'êtes pas encore prêt. Ceci peut également être considéré comme rejet. La façon dont le rejet perçu peut être vaincu et compris, c'est tout simplement en ayant de la patience. Les disciples n'auraient pas compris ce que Jésus disait s'ils n'auraient pas pu tenir la marche et l'avoir suivi. La Patience révèle si vous etes en train d'afronter le rejet qui est perçu ou le rejet réel. Avec le temps on se rends du compte les véritables motivations, les arrieres pensés, du cœur de quelqu'un. Discerner la différence entre le rejet réelle et le rejet-perçu peut exiger de la patience. En temps et en heure, les vrais motivations et ambitions de chaque personne se demontrera, tot ou tard et remonteras a la surface. C'est une bonne chose que les disciples ont resté toujours avec Jésus. Il n'était pas en train de les rejeter à tous. Au fait, il allait mourir pour eux afin qu'ils puissent jamais être rejetées. En plus de cela, il allait leur donner le même Esprit qui lui a ressuscité d'entre les morts afin qu'ils ne seraient jamais seul. Alors il serait en mesure de leur dire ce qu'il a choisi de ne pas leur dire, en Jean 16:12-13.

En tant que menneurs d'hommes, non seulement avons-nous besoin de discerner ce qui doit être dit, mais nous avons aussi besoin de discerner ce qui n'a pas besoin d'être dit. Quand on regarde lorsque quelqu'un vous dit que je vais quelque part, mais que vous ne pouvez pas venir avec cette personne, ou bien s'il vous dit j'ai des choses à vous dire, mais vous n'êtes pas a le recevoir cela peut sembler comme un rejet.Le seul problème n'était pas que le rejet du tout, elle était tout simplement Jésus opérant dans le discernement. Jésus connaisait son public. Il savait quand et comment parler, ce qui signifiait qu'il savait quand il n'est faller pas parler ainsi. Il est nécessaire de faire la différence entre le rejet réel et le rejet perçue. Si nous sommes en train d'anticipér du rejet réel ou simplement le rejet perçu, il est déecisif de persévérer dans notre vocation. La persévérance survit le rejet de la même maniere dans la quelle la patience d'une façon u autre finira par révéler les véritables arrieres pensees de quelqu'un. Le Saint-Esprit peut vous aider à discerner entre la différence qu'il y a entre le rejet réel et le rejet perçu. Lorsque vous vous déplacez au-delà du rejet de l'autre, vous serez alors prêt à diriger les autres. Il ne faut pas être dirigé par les sentiments des autres, mais par l'Esprit Saint. N'oubliez pas que si vous êtes conduits par l'Esprit Saint, vous êtes un leader. Un vrai leader doit être mené, comme un vrai professeur reste toujours enseignable. Arriver a la maturite réelle est de savoir etre un/e novice.

Etre Guideur d'homme

conduire une

1. 1 la cause (une personne ou un animal) pour aller avec un en les tenant par la main , une corde , une corde , etc , tout en se déplaçant vers l'avant : elle a émergé la tête d'un cheval bai .

• être une raison ou motif de (quelqu'un) : rien que j'ai lu sur le cas m'amène à la conclusion que quelque chose de fâcheux est arrivé | [avec obj . et infinitif] : une fascination pour l'art l'a amené à commencer une collection de peintures .

• [no obj .] Une voie ou moyen d'accès à un lieu particulier ou dans une direction particulière : une porte menant à un couloir mieux éclairé .

• [no obj .] (Plomb à) aboutir à (un événement particulier) : fermeture de l'usine entraînera la perte de 300 emplois .

2. en charge ou de commande : une délégation militaire était dirigée par le chef d'état-major .

• définir (un processus) en mouvement : ils sont en

attente d'une expansion du commerce mondial pour mener une reprise .
• [no obj .] (Conduire avec) affecter la position la plus importante à (une nouvelles élément particulier) : les nouvelles à la radio a conduit à l' assassiner .
3. être supérieur à (concurrents ou collègues) : il y aura des zones ou des compétences spécifiques dans lesquels d'autres nations mènent le monde .
4. ont ou expérience (un mode de vie particulier) : elle a mené une vie complètement à l'abri .
5. initié (action dans un jeu ou un concours) , en particulier.

Nous apprenons à guider les autres à travers le fait d'etre a l'écoute. Le fait d'éntendre et d'etre leader sont des comportements appris et ils doivent être apprises dans cet ordre. Éntendre surpasse d'etre guideur ou menneur d'hommes. Un leader qui ne prete pas attention à la voix de Dieu ne saura pas ce que les gens, ce qu'il ou elle doit ou ne doit pas éntendre. Dans les premiers etapes d'une église, un ministère ou d'entreprise l'une des premières choses qu'un chef d'entreprise ou le ministre apprend c'est de savoir a qui ils doivent écouter ou non. S'ils ont un cœur tendre et un esprit qui est attentif et se souvient de ce que Dieu a dit et fait, alors ils n'auront pas besoin à apprendre sans cesse les mêmes leçons, une fois et encore un autre fois. Avant que Samuel est devenu le juge d'Israël, il a appris à reconnaître et à discerner la voix du Seigneur. Notre relation avec Dieu vient toujours en premier, avant tout nos privilèges du ministère.En fait, la plus grande invitation du ministère jamais vu c'est de s'approcher hardiment au trône de la grâce, afin que nous puissions obtenir miséricorde et de trouver sa grâce, dans un moment de besoin. Nous devons devenir des gens qui aiment acoutér les autres, l'audience. En faisant ca, nous devenons les leaders/guideur/menneur d'hommes. Dans le Royaume de leaders-Uni, nous sommes en train de menner par l'exemple a suivre. Ils sont dirigés par le Saint-Esprit. Lorsque nous apprenons à écouter Dieu, nous sommes en train d'apprendre à aimer les gens. Apprendre à traiter les gens précède apprendre à conduire les gens. Quand nous apprenons comment se comporter correctement et de traiter les gens alors nous pouvons faire confiance à diriger les gens par notre propre exemple. Nous devons apprendre à être conduit par le Saint-Esprit avant de pouvoir effectivement diriger les autres.

Jésus est notre exemple allons-y donc le regarder pour un moment. En Jacques 1:14 c'est ecrit que "Mais chacun est tenté quand il est attiré et amorcé par sa propre convoitise. " Jésus n'avait aucune voulonté de l'éloigner, de sorte que le Saint-Esprit a dû le conduire dans le désert, pour être tenté par le diable. "Voici le jeûne auquel je prends plaisir: Détache les chaînes de la méchanceté, Dénoue les liens de la servitude, Renvoie libres les opprimés, Et que l'on rompe toute espèce de joug; ? (Ésaïe 58:6) Les Écritures nous enseignent que le jeûne perd les chaînes de la méchanceté, Jésus n'avait aucune méchanceté, donc quand il a jeûné, le diable lui-même s'est présenté. Jésus a vaincu la tentation de sorte que nous n'aurions pas être conduit a elle. Jésus nous a enseigné à prier "et ne nous summet pas a la tentation, mais délivre-nous du mal." Beaucoup de croyants, même les leaders, dans le corps du Christ tombent dans le péché parce qu'ils négligent d'obéir à Jésus dans la prière cette partie de la prière qu'Il a enseigné à ses disciples à prier. Dans cette prière, nous apprenons quelque chose sur la tentation: il s'agit de l'ennemi pour nous amener dans le mal. Ceci est différent de tests ou essais. Dieu nous permet d'être testé si nous passona le test, et ensuite avoir un témoignage qui le glorifie. "*afin que l'épreuve de votre foi, plus précieuse que l'or périssable (qui cependant est éprouvé par le feu), ait pour résultat la louange, la gloire et l'honneur, lorsque Jésus Christ apparaîtra:*" (1 Pierre 1:7) Quand notre foi passe par le feu, le doute et l'incrédulité est purgé de notre vie et la louange, l'honneur et la gloire s'est produit et Jésus est digne de cela et plus selon Apocalypse 5:12. "Ils disaient d'une voix forte: L'agneau qui a été immolé est digne de recevoir la puissance, la richesse, la sagesse, la force, l'honneur, la gloire, et la louange." Jésus est passé par la tentation qui etait visé a lui seulement, puis entra dans le ministère public. Tenez en compte quelque chose, les leader sont formés et ils arrivent a un point dont personne d'autre que le Père leur regarde.

Jésus est notre exemple en toutes choses. Il n'a jamais trempé ou attristé le Saint-Esprit. Souvent, nous pouvons attrister le Saint-Esprit par ce que nous ne disons pas, et puis nous l'étanchons par les choses que nous ne le disons pas. Jésus-Christ a vécu une vie sans péché, ce qui signifie qu'il n'a jamais fait ce qui n'allait pas et a toujours fait ce qui était juste.

> "*Jésus donc leur dit: Quand vous aurez élevé le Fils de l'homme, alors vous connaîtrez ce que je suis, et que je ne fais rien de moi-même, mais que je parle selon ce que le Père m'a enseigné. Celui qui m'a envoyé est avec moi; il ne m'a pas laissé seul, parce que je fais toujours ce qui lui est agréable. Comme Jésus parlait ainsi, plusieurs crurent en lui.* "
> (Jean 8:28-30)

Les qualités de menneurs d'hommes consiste à faire la bonne chose - et ne pas faire la mauvaise chose - même si personne ne regarde. Quand Dieu nous donne la responsabilité et le privilège de diriger les gens, Il nous confie avec la vie des autres. C'est une chose très grave qui est souvent pas vraiment compris. Ceux qui dirigent donnent et maintiennent une norme. Si cette norme est inférieure à Jésus, le Père n'est pas content, ou glorifié ou satisfaits."*On craindra le nom de L'ETERNEL depuis l'occident, Et sa gloire depuis le soleil levant; Quand l'ennemi viendra comme un fleuve, L'esprit de L'ÉTERNEL le mettra en fuite.* " (Ésaïe 59:19) Le Saint-Esprit a une norme; Son nom est Jésus. Le Père mesure tout par Jésus. Même si Jésus est à la droite du Pere, le livre de l'Apocalypse décrit Jésus comme au milieu de tout.(Apocalypse 4:6, 5:6, 7:17)Jésus est le point de référence pour le Père et le Saint-Esprit dans le traitement de l'humanité. L'humanité ne peut venir au Père que par le Fils par le Saint-Esprit. Le contexte de la crainte du Seigneur c'est quand le Saint-Esprit rentre en grand puissance pour élever une norme. En raison d'un manque de la crainte du Seigneur, a ce moment la norme a été moins que Jésus. Lorsque la crainte du Seigneur revient au peuple de Dieu, alors nous comprendrons profondément que nous devons rendre compte de qui vit en nous. "*Celui qui dit qu'il demeure en lui doit marcher aussi comme il a marché lui-même.*" (1 Jean 2:6) La crainte du Seigneur nous fera réaliser que le Père attend de recevoir Jésus de nous, qu'il attend de Lui voir vivre par nous, et Il attend que nous demeurons en lui. Il demeure en nous par Son Saint-Esprit, mais nous demeurons en Lui par l'obéissance à Ses commandements. Nous devons nous rappeler que Jésus est le juge, le roi et législateur et il donne des commandements, pas de suggestions. La crainte du Seigneur doit déterminer ce que nous devons faire et ne pas faire.Voici ce que la crainte du Seigneur ressemble "Je fais toujours les choses qui sont agréables à mon Père." La crainte du Seigneur doit déterminer nos sentiments. Les qualités de menneurs d'hommes consiste a communiquer qui est Jésus aux autres. Meme s'ils n'ont jamais entendu son nom ou bien s'ils sont juste en train d'apprendre à entendre sa voix et d'obéir. Notre travail est tout simplement affiché sur qui est Jésus, ce qu'Il est et ce qu'il peut faire à par ses enfants a fin de glorifier le Père. Les leaders du Royaume ne sont pas des gens forts voulues qui imposent une vision sur les autres au nom de Jésus. Être un leader c'est d'aider les autres se connectent avec Jésus afin qu'ils reçoivent Sa vision de la vie, pas la nôtre! En fin de compte, les principaux autres maniere effectivement possible de menner les autres c'est si nous suivons Jésus et sommes conduits par l'Esprit Saint.

Les leaders/menneurs d'hommes sont donnés de vision et de la révélation. Mais c'est seulement avec de la sagesse que cette vision peut être activé de manière efficace et avec la compréhension que la révélation et d'expériences personnelles deviennent utiles à d'autres.

C'est essentiel de pouvoir comprendre comment Dieu conduit les hommes vers Lui, si nous voulons le faire aussi. Plus tard, nous allons utiliser les écrits du roi David de voir comment Dieu enseigne ses amis, pendant que eux (nous) marchons avec lui. David était un adorateur avant il était un roi. Il était un adorateur avant qu'il a été oindre, et il était un adorateur avant il a été reconnu par personne. Avant que l'homme sache qu'il etait Dieu le connaissait. A la fin de la journée, le menneur de hommes commence et se termine par avoier une relation authentique et intime avec Dieu par son Fils Jésus et par le Saint-Esprit. Nous venons à Lui our connaître ser voies, pendant que nous marchons avec lui dans des circonstances différentes et même difficiles, c'est quand nous commençons à apprendre à reconnaître ce qu'il fait.

Dieu est en dehors du temps et de l'espace, donc le temps ne signifie pas autant à Dieu que les circonstances font . Dieu est une personne , pas un concept . Il est relationnelle et Il parle . Il a saigné et est mort pour son peuple . Il se soucie d'eux et de leur situation . Dieu permet à la pression sur nous pour faire quelque chose en nous , afin qu'il puisse faire quelque chose de grand à travers nous.

> "*La grandeur dans le royaume est de marcher avec Dieu et le connaître et servir les autres sur la base de notre compréhension de ce qu'Il est. Here is how Jesus defined greatness:*

> *Celui donc qui supprimera l'un de ces plus petits commandements, et qui enseignera aux hommes à faire de même, sera appelé le plus petit dans le royaume des cieux; mais celui qui les observera, et qui enseignera à les observer, celui-là sera appelé grand dans le royaume des cieux.*" (Matthieu 5:19)

Tout d'abord, nous faisons ce qui est juste et, ensuite, nous enseignons aux autres de faire ce qui est juste. Nous murissons, nous facilitons la croissance des autres. Tous les leader dans le royaume doit gerer par l'exemple, il n'y a pas hypocrites dans le Royaume de Dieu. D'etre leader religieux s'agit des regles, principes et des classes sicieaux – c'est qui est bien - mais les menneur d'hommes du Royaumme ont donné naissance a une relation entre les autres qui est secret et precieaux.

Avant que Jésus a été manifesté dans la chair et dit: "Je suis le bon Pasteur" David a dit: "Le Seigneur est mon pasteur." Jésus s'est révélé à David, puis est venu, et Il est venu expliquér, et démontré qu'il était pour le peuple juif et pour les gens de son époque, quand il marchait physiquement la terre et même sur l'eau. Il se révèle encore aujourd'hui et Il a seulement un souhait, et c'est pour que nous le connaissons intimement par l'expérience qui peut être validé par la Bible, qui est la parole infaillible de Dieu. David a écrit une chanson incroyable ou psaume qui décrit parfaitement les saisons dans la vie d'un croyant qui marche avec le Seigneur. C'est que nous devons d'abord reconnaître c'est que Dieu est venu faire dans nos vies. Ensuite, nous pouvons reconnaître ce qu'il fait dans la vie des autres de sorte que nous pouvons être un encourager pour leur aider lorsqu'ils sont sur le chemin.

> "*Cantique de David. L'ÉTERNEL est mon berger: je ne manquerai de rien. Il me fait reposer dans de verts pâturages: Il me dirige près des eaux paisibles. Il restaure mon âme, Il me conduit dans les sentiers de la justice, A cause de son nom. Quand je marche dans la vallée de l'ombre de la mort, Je ne crains aucun mal, car tu es avec moi: Ta houlette et ton bâton me rassurent. Tu dresses devant moi une table, En face de mes adversaires; Tu oins d'huile ma tête, Et ma coupe déborde. Oui, le bonheur et la grâce m'accompagneront Tous les jours de ma vie, Et j'habiterai dans la maison de L'ÉTERNEL Jusqu'à la fin de mes jours.*" (Psaume 23:1-6)

Nous devons d'abord comprendre ce qu'un pasteur fait pour ses brebis. Ensuite, nous pourons comprendre ce que Dieu fera pour nous plus tard.

Il est essentiel de comprendre l'intention du rôle que Dieu veut jouer, et quelle est la mission qu'il espere de nous en marchant sur sa volonté pour nous. Usuelement un leader a deja un langage qui est clair, cela peut aider les gens à voir ce que Dieu exige d'eux. Ceci est très important parce que Dieu ne fera pas notre travail et nous ne pouvons pas faire le sien. Les Pasteurs protége leurs moutons des loups et d'autres animaux carnivores qui chercheraient à les dévorer. Le Pasteurs mennent les moutons dans des endroits où ils peuvent manger et boire et être en sécurité, ils aident à garder les moutons ensemble et a leur faire avancés. Si un mouton se perd le pasteur prend la responsabilité de la bêtise de la brebis et va la chercher. Ils gardent aussi la paix parmi les moutons et s'il y a des combats de moutons, le pasteur le separe. Les moutons ont des dents. Ils mordent et souvent collent leur nez où ils n'appartiennent pas. Je sais que certains d'entre vous sont en train de lire entre les lignes sur ce point. Et oui, parfois les croyants peuvent être comme les moutons. Les leaders sont cependant à être plus comme des pasteurs et moins comme des moutons. Nous sommes toujours les moutons à Jésus, Il nous mène par les mots, il nous parle. Mais avec les personnes qui ont perdu leur chemin ou qui ne savent pas ou ils vont, nous devrions être la pour eax, mais plus comme des pasteurs. Parce que le Seigneur est notre pasteur et il sait comment, où et quand nous diriger, nous ne manquerons de rien. Une des premières choses que nous apprenons avec le Seigneur Jésus, c'est qu'il est de notre soutient. Souvent, lorsque les croyants viennent juste d'etre sauvés il fournit pour eux de façon unique et miraculeux. Ce qu'il fait c'est de les enseigner a lui faire confiance dès qu'ils commencent le parcours. La confiance est cruciale alors que nous avancons avec Jésus. Parce que vers certains lieux ou Il nous dirige il faudra une confiance totale.La base de toute relation saine est la confiance. Le Seigneur nous conduit vers les verts pâturages et les eaux calmes. C'est un lieu de croissance, de provisions et paix. C'est un lieu de repos, et la place de répos de Dieu apporte la restauration. La restauration n'arriva pas de l'effort, il vient quand nous suivons l'exemple de Dieu. L'âme est restaurée sur les sentiers de la justice. Quand nous choisissons de suivre Jésus, il restaure ce que l'ennemi nous a volé. Cette vérité est similaire à " Cherchez premièrement le royaume et la justice de Dieu; et toutes ces choses vous seront données par-dessus." (Matt. 6:33) Nous recherchons d'abord le Royaume et sa justice, et il ajoute pour nous ce qui nous manque afin que nous puissions devenir ce qu'Il nous appelle à être et faire ce qu'Il nous appelle à faire. Dieu rétablit notre système d'exploitation que nous collaborons avec Lui. L'âme - ce qui signifie l'esprit, la volonté et les émotions - se restauré pour que nous puissions bien percevoir la réalité comme Dieu le voit. Cela est très nécessaire surtout si nous continuons ce parcours qui nous mène à la vallée de l'ombre de la mort et une table en présence de nos ennemis. Aussi ne faut pas oublier qu'il nous mène à la restauration du lieu de repos à travers les sentiers de la justicepour l'amour de son nom. Comme nous le suivons, il devrait être glorifié de nos vies. Les gens devraient savoir son nom ou de son caractère et son autorité, ils devraient savoir à quoi il ressemble juste en nous regardant le suivre . Jésus doit être révélé à travers nos vies lorsque nous suivons et qui lui obéissent. Restauration de l'âme vient avant la prospérité de l'âme. Restauration de l'âme est la guérison à l'intérieur. La prospérité de l'âme est au sujet de Jésus déborde de notre vie parce que nous avons une perspective renouvelée.

Avant que Dieu nous introduit dans des lieux de danger - la vallée de l'ombre de la mort - Il il apporte première guérison à nos vies. Personnes guéries peuvent gérer danger mieux que blessé et blesser les gens. Il est préférable pour un soldat d'aller au combat en bonne santé que pour lui de faire passer alors qu'il est malade ou blessé. David était un chef militaire. En termes militaires, la vallée est un endroit vulnérable, exposée où l'ennemi a l'avantage. Cependant, une autre vérité sur la vallée, c'est que c'est un endroit où les fruits se développe. Souvent fruit pousse quand nous sommes dans un endroit vulnérable dans nos vies. En tant que chrétiens, nous aimons la montagne. Nous aimons les grandes expériences avec Dieu. Mais Il veut le fruit qui se trouve dans la vallée.-la vallée appelée mort. Rappelez-vous, c'est la mort d'une graine qui donne naissance à la vie de résurrection

David marchait dans la vallée de l'ombre de la mort et a déclaré qu'il ne craignait pas mal parce que Dieu était avec lui. C'est l'une des plus grandes leçons de la Royaume. C'est plus sur qui nous sommes avec celui où nous sommes ou ce que nous vivons. David n'a pas laissé ses circonstances dicter ses sentiments. Il a permis qui l'accompagnait définir comment il se sentait. Tous les croyants et les leaders doivent entrer dans cette réalité. La plus belle chose au sujet du royaume que le roi est avec nous et Il a promis jamais nous quitter. Cette révélation a le pouvoir de réformer totalement la façon dont nous voyons et pensons en dans notre parcours.

Quelque chose s'est passé comme David a reconnu que le Seigneur était avec lui dans la vallée de l'ombre de la mort. Je ne crains aucun mal, car tu es avec moi: Ta houlette et ton bâton me rassurent. David reconnaît le Seigneur est avec lui, par sa discipline. Tant que David marchait avec le Seigneur, il a mûri en lui-meme et sa perspective a changé. C'est magnifique quand quelqu'un trouve du réconfort etant dans l'inconfortable. Seul un véritable ami de Dieu peut trouver du réconfort dans l'inconfortable. Une personne qui trouve le confort en etant dans le mal à l'aise c'est par - l'Esprit Saint. L'Esprit Saint ne se contente pas réconforter les gens, Il est le confort. Il est la tige de commande et le baton qui te soutien, David a trouvé réconfort dans un endroit dangereux et vulnérable. La tige a été pour lui donner de la correction, tandis que le personnel était pour la protection. David a trouvé du réconfort dans les deux la correction et à la protection du Seigneur. La maturité et la correction viennent avant la faveur. Le fait que le Seigneur a préparer un table devant David en présence de ses adversaires demontre la faveur du Seigneur et de sa capacité à faire ses ennemis soient en paix avec lui – c'est sa manières de plaire au Seigneur. Remarquez qu'avant de la faveur du Seigneur ou l'onction, Dieu apporte la correction dans notre vie, quand nous sommes dans un endroit vulnérable. Rappelez-vous souvent, nous grandissons dans un endroit vulnérable. "Tu oins d'huile ma tête." Nous sommes oints avec l'huile afin que notre tasse déborde. L'onction de Dieu est sur nous, afin qu'il puisse se déplacer à travers nous (Ésaïe 61:1-3.) J'aime ce verset et ce qu'elle révèle. Un jour, pendant que je lisais ce verset, Jésus me dit:, "Adam, je n'ai jamais oint la tête de David avec de l'huile. Samuel l'a fait. Quand Samuel a obéi à ma commande et m'a obéi, il s'est caché et c'est moi qu'etait vu. Voilà dans quoi le ministère consiste."Il était l'obéissance de Samuel qui a donné David rencontre avec Jésus. Dans le Royaume de Dieu, il n'y a qu'une elevation.

L'onction débordement notre tasses, ce qui est bon, mais il est encore plus que ca. "*Oui, le bonheur et la grâce m'accompagneront Tous les jours de ma vie, Et j'habiterai dans la maison de l'Éternel Jusqu'à la fin de mes jours.* " (Psaume 23:6) D'un cote, c'est une chose de faire déborder, mais c'est une autre chose pour la bonté et de la miséricorde de vous suivre tous les jours de votre vie. C'est un autre niveau d'elevation qui ne vient que pour demeurer dans la maison du Seigneur pour toujours. La maison de l'Éternel est une personne. Pour demeurer dans la maison de l'Éternel est de demeurer en Christ. La bonté et la miséricorde sont les attributs de Dieu qui provoquent des signes, des prodiges et des miracles. La miséricorde de Dieu ressemble à quatre yeux aveugles ouverture. (Matthieu 9:27-30.) Selon l'apôtre Paul dans Romains 2:4, Ou méprises-tu les richesses de sa bonté, de sa patience et de sa longanimité, ne reconnaissant pas que la bonté de Dieu te pousse à la repentance? Dieu est si bon qu'il donne aux gens une raison de changer leur façon de penser(Luc 5:1-10.)Dans le Royaume, le débordement ne suffit pas, la bonté et la miséricorde doivent nous suivre tous les jours de notre vie lorsque nous demeurons en Christ. La bonté et la miséricorde qui vous suit est plus que des signes, des prodiges et des miracles qui vous suit partout où vous allez, cela a l'air d'etre merveilleux ,. La bonté et la miséricorde ont un rythme de justice et de récompense au cours de nos vies.

Pour comprendre cela, d'abord, regardons un exemple assez négatif. Disons que quelqu'un commet un crime horrible. Ensuite, il est sauvés par la grace de Dieu, et il l'expérience un changement de vie totale.

Trois mois plus tard, il se promènent dans le centre de Manhattan et il se fait arrêter pour un crime qu'il a commit l'années avant d'être sauvés. Même s'il sait que ses péchés sont pardonnés, il doit encore payer les conséquences de ses actions ici sur la planète Terre. Peut etre que la faveur de Dieu peut faire un miracle, et faire qu'il ne passe a faire la peine de mort, mais il a toujours à payer ce la justice exige.

Dans un sens positif, lorsque la bonté et la miséricorde vous suit, cela sera toujours comme ça. Disons que Dieu vous donne la grâce en Christ pour faire de bons choix. La bonté et de la miséricorde vous suivront pendant que vous marchez avec Jésus. Les bonnes décisions que vous avez pris dans le passé pour aimer le bon Dieu, et de bénir les gens vont commencer à vous poursuivre. C'est passionnant quand meme lorsque de bonnes memoires des choses qui se sont passé avant, rentrent dans votre présent. Je peux dire, moi-meme en tant que ministre et voyageur, j'éprouve lorsque nous allons quelque part et quelqu'un dit: "Vous vous en souvenez que vous avez priez pour moi?" Parfois, la réponse est oui et la réponse est parfois non. Puis ils disent, "Eh bien, quand vous avez prié dernière fois que vous êtes venu à notre église, j'ai été guéri." En ce moment, la bonté et la miséricorde de Dieu dans le passé viennent de me suivre dans le présent, Les témoignants et les plans que Dieu a de continuer à soigner les gens au nom de Jésus. J'espère que cela vous aide à être en mesure de voir cette vérité et d'identifier ce genre de mouvement de Dieu dans votre propre vie, et dans la vie de ceux que Dieu vous a appelés à mener.

Connaissant la saison, vous êtes en est crucial, surtout si vous êtes un leader. Les gens que Dieu a confiées à nos soins auront du mal à discerner les temps et les saisons qu'ils vivent, surtout si ceux que Dieu a appelés à mener ne savent pas où ils sont et où ils vont, ni comment ils vont y arriver. Il ya plusieurs vérités qui doivent être compris quand il s'agit d'aller là où nous sommes à l'endroit où vont. La première est que dans le Royaume il ya une seule direction: vers l'avant. Deuxièmement, dans le Royaume il ne manque pas, la sécheresse ou la famine. Dans le Royaume de Dieu, les fruits poussent les douze mois de l'année. "*Au milieu de la place de la ville et sur les deux bords du fleuve, il y avait un arbre de vie, produisant douze fois des fruits, rendant son fruit chaque mois, et dont les feuilles servaient à la guérison des nations.*" (Apocalypse 22:2) Dans le Royaume, il y a des fruits différent qui sont toujours en croissance, et Dieu est toujours en train de faire une nouvelle chose qui est conforme à sa Parole, et ce qui il est. Dans la terre, nous nous trouvons dans différentes périodes ou des circonstances. Nous sommes assis avec Christ dans les lieux célestes, et peu importe où nous sommes en ce qui concerne les circonstances. Ce que le Royaume veut dire ce que nous avons quelque chose à offrir aux autres au-delà de nos circonstances. Psaume 23 parle des période ou des circonstances dans la vie d'un croyant. En tant que menneur d'hommes, nous avons besoin de connaître Dieu et de ses voies. Quand on connait ses voies, nous pouvons identifier et de le voir oeuvrer dans nos vies et dans la vie des autres qui sont autour de nous. Il est essentiel de reconnaître ce que Dieu fait. C'est ca le significat d'être un leader, il est entierement consacré. Notre travail doit-on choisir de l'accepter, est de reconnaître ce que Dieu fait et de collaborer avec lui. Les bonnes qualités d'un menneur d'homme consiste à donner l'exemple et d'aider les gens aller là où Dieu veut les menner. Lorsque vous, en tant que leader, pouvez discerner l'endroit où les gens sont, vous pouvez savoir où Dieu les mener. Le discernement est essentiel quand il s'agit de reconnaître qui est qui, d'où ils viennent et où Dieu les conduit.

Jésus était mieux avec ça que personne d'autre. Dès qu'il a rencontré Pierre, il dit: "Tu es Simon, mais vous deviendrez Céphas ou Pierre." Il lui disait je sais qui vous êtes et je sais qui vous allez devenir. Les gens ont besoin de savoir que nous pouvons voir où se trouve leur identité et ce qu'ils vont devenir, surtout si nous allons les mener à l'endroit où Dieu veut qu'ils soient. Quand vous regardez la vie de quelqu'un, regardez le Psaume 23. Demandez au Saint-Esprit qui est cette personne, et comment pouvez-vous l'aider à avancer dans tout ce que Dieu a pour eux.

Responsabilisation

responsable

1. (d'une personne, une organisation ou institution) doit ou devrait justifier des actions ou décisions; responsable: le gouvernement doit être responsable devant ses citoyens | parents pourraient être tenus responsables des actes de leurs enfants.
2. explicable; compréhensible: l'introduction tardive des noms des personnages est responsable, si l'on considère que les noms ont une faible priorité.

responsabilité

le fait ou l'état de rendre des comptes; responsabilité: leur manque de responsabilité a corrodé le respect du public.

Responsabilisation n'est pas un mot de quatre lettres. Les dirigeants ne sont pas au-delà de la correction. Ils doivent être des personnes qui sont transparents et responsables de leurs paroles et actions.

Être responsable n'est pas juste de dire «désolé» si vous péchez. Il s'agit aussi de marcher dans la vérité et la justice. La responsabilité est aussi d'être conscient de la mission que Dieu vous a donné et lui être fidèle. Nous ne sommes pas responsables pour ne pas faire ce qui est mal. Nous sommes responsables de faire ce qui est juste. Faire ce qui est juste est bon, mais il n'est tout simplement pas suffisant. Dans Matthieu 10, Jésus nous a ordonné d'être surnaturel quand il a dit, "Puis, ayant appelé ses douze disciples, il leur donna le pouvoir de chasser les esprits impurs, et de guérir toute maladie et toute infirmité. " Il nous a ordonné de faire des choses que nous ne pourrions jamais faire sans Lui. Nous n'avons jamais eu l'intention d'essayer de faire ces choses sans lui. Il y a certaines choses que nous devons comprendre au sujet de Dieu. Quand il nous révèle quelque chose, nous devenons responsables de ce qu'Il a révélé parce que nous ne sommes plus des ignorants. Cette vérité se voit dans Matthieu 16:15-19:

> *"Et vous, leur dit-il, qui dites-vous que je suis? Simon Pierre répondit: Tu es le Christ, le Fils du Dieu vivant. ' Jésus, reprenant la parole, lui dit: Tu es heureux, Simon, fils de Jonas; car ce ne sont pas la chair et le sang qui t'ont révélé cela, mais c'est mon Père qui est dans les cieux. Et moi, je te dis que tu es Pierre, et que sur cette pierre je bâtirai mon Église, et que les portes du séjour des morts ne prévaudront point contre elle. Je te donnerai les clefs du royaume des cieux: ce que tu lieras sur la terre sera lié dans les cieux, et ce que tu délieras sur la terre sera*

délié dans les cieux.' "

Voici, la révélation que Pierre a reçu, est cette revelation est accompagner d'une responsabilité. Là où il ya une responsabilité il doit y avoir responsabilisation. Les gouvernement le plus corrompu, les entreprises, les églises, les ministères et les gens ont un facteur en commun – est cette facteur en commin est l'incapacité d'etre responsable. "*vous soumettant les uns aux autres dans la crainte de Christ.*" (Éphesiens 5:21) La responsabilité est également présent la ou la crainte du Seigneur se trouve. L'une des expressions ou manifestations de la crainte de l'Éternel est la soumission l 'un à l'autre. Ce qui veut dire , que les croyants doivent être enseignable et responsable l'un sur l'autre .La crainte de l'Eternel n'est pas seulement au sujet de notre relation avec Dieu . Il affecte également la façon dont nous nous communiquons avec les autres.

Il ya beaucoup de raisons de pour quoi les gens ne veulent pas rendre des comptes aux autres. Certains ont été utilisées ou exploitées par l'autorité Pour eux, la responsabilisation veut dire des redditions de comptes contrôlés par d'autres. En réalité , c'est la peur de l'homme qui empêche les gens de vouloir être transparent et responsable . Souvent, les gens qui se disent etre chrétiens veulent régner sur les gens, et il y a d'autres chrétiens qui sont gouvernés par ce que les autres pensent d'eux. Aucun des deux sont de Dieux. Il est essentiel pour toutes les personnes, en particulier les leaders, de être guérie. Un leader qui n'est pas guéri, va reproduire seulement des gens malades. C'est un problème très réel que le corps du Christ peut vaincre par la grâce de Dieu. Si vous voulez être une personne qui est digne de confiance, et qui possède de l'intégrité, alors la responsabilisation est indispensable. Pour être une personne digne de confiance, vous devez faire confiance aux gens. Jésus est notre exemple. Il nous a confié sa Parole, et le même l'esprit que l'a ressuscité d'entre les morts. Si ce n'est pas de la confiance, alors je ne sais pas ce que c'est. En plus de ça, il nous a confié l'Évangile du Royaume et le ministère de la réconciliation. Littéralement, cela veux dire que l'éternité des autres se joue dans nos vies. Honnêtement, Jésus nous fait confiance plus de ce que nous pensons même. C'est presque effrayant combien Il nous fait confiance. Ce que je trouve intéressant dans plupart des leaders , c'est qu'ils veulent que tout le monde leur fasse de la confiance, mais ils n 'ont pas de la confiance pratiquement a personne.Les gens qui sont blessées ont du mal à faire confiance aux autres, et ils finissent souvent par faire confiance aux mauvaises personnes. Quand nous sommes responsables devant les bonnes personnes, cela nous aide arriver là où Seigneur veut nous conduire. Notre parcours qui se trouve toujours dans le contexte, d'ajouter les bonnes personnes dans nos vies et soustraire les mauvaises personnes et leur mettre hors de nos vies. Un bref exemple était Lot et Abraham. Dieu n'a pas béni Abraham jusqu'à ce qu'il a secoué Lot en vrac. Pour entrer dans l'avenir, nous devons laisser aller le passé. Nous avons besoin de gens qui nous appellent quand nous sommes mal, avant qu'il ne soit trop tard. Dieu envoie toujours un message d'avertissement avant que le danger arrive, parce qu'il est un bon père. Il est un protecteur et il nous soutien. Souvent, nous pensons, que c'est dans le sens de l'argent ou de protection physique. C'est très bien mais je veux proposer qu'il est un protecteur et un souteneur relationnel ainsi. Il rajoute des gens dans nos vies et nous devons faire attention à ça quand il arrive. La mort de Jésus pour nous était de lui devenant pleinement responsable de ce que nous avons fait de mal. Je pense que parfois on attend à Dieu de faire quelque chose et il attend les relations adéquates afin qu'il puisse établir et maintenir ce qu'Il veut faire nous confier. Nous rendrons compte de ce qui nous a été confiée.

> *"Il en sera comme d'un homme qui, partant pour un voyage, appela ses serviteurs, et leur remit ses biens.Il donna cinq talents à l'un, deux à l'autre, et un au troisième, à chacun selon sa capacité, et il partit. Aussitôt celui qui avait reçu les cinq talents s'en alla, les fit valoir, et il gagna cinq autres talents. De même, celui qui avait reçu les deux talents en gagna deux autres. Celui qui n'en avait reçu qu'un alla faire un creux dans la terre, et cacha l'argent de son maître. Longtemps après, le maître de ces serviteurs revint, et leur fit rendre compte. Celui qui avait reçu les cinq talents s'approcha, en apportant cinq autres talents, et il dit: Seigneur, tu m'as remis cinq talents; voici, j'en ai gagné cinq autres. Son maître lui dit: C'est bien, bon et fidèle serviteur; tu as été fidèle en peu de chose, je te confierai beaucoup; entre dans la joie de ton maître. Celui qui avait reçu les deux talents s'approcha aussi, et il dit: Seigneur, tu m'as remis deux talents; voici, j'en ai gagné deux autres. Son maître lui dit: C'est bien,*

bon et fidèle serviteur; tu as été fidèle en peu de chose, je te confierai beaucoup; entre dans la joie de ton maître. Celui qui n'avait reçu qu'un talent s'approcha ensuite, et il dit: Seigneur, je savais que tu es un homme dur, qui moissonnes où tu n'as pas semé, et qui amasses où tu n'as pas vanné; j'ai eu peur, et je suis allé cacher ton talent dans la terre; voici, prends ce qui est à toi. Son maître lui répondit: Serviteur méchant et paresseux, tu savais que je moissonne où je n'ai pas semé, et que j'amasse où je n'ai pas vanné; il te fallait donc remettre mon argent aux banquiers, et, à mon retour, j'aurais retiré ce qui est à moi avec un intérêt. Otez-lui donc le talent, et donnez-le à celui qui a les dix talents. Car on donnera à celui qui a, et il sera dans l'abondance, mais à celui qui n'a pas on ôtera même ce qu'il a. Et le serviteur inutile, jetez-le dans les ténèbres du dehors, où il y aura des pleurs et des grincements de dents." (Matthieu 25:14-30)

Transparent

transparent

(d'un matériau ou article) permettant à la lumière de passer à travers de sorte que les objets derrière peuvent être nettement visibles: l'eau bleue transparente.

• facile à percevoir ou à détecter: les résidents verront à travers toute tentative transparente pour acheter leurs votes | le sens du poème n'est nullement transparent.

• avoir des pensées, les sentiments ou les motifs qui sont facilement perçues: tu serais pas bon au poker-vous êtes trop transparent.

• (d'une organisation ou ses activités) ouverts de l'examen du public: si vous aviez des marchés publics transparent, la corruption disparaîtrait.

• Physique transmission de la chaleur ou d'autres rayonnements électromagnétiques sans distorsion.

• Informatique (d'un processus ou d'une interface) qui fonctionne sans que l'utilisateur courant

Jésus était transparent. Il n'avait pas des arrieres pensées ou mauvais. Il a été clair sur qui il était, d'où il était et ce qu'il est venu faire. Souvent, les gens qui ont un mauvais motif ne veulent pas être transparent, parce que, en faisant comme cela, ils exposent ce qu'ils sont et ce qu'ils ne sont pas. Les personnes qui ont été trahis ou usé et abusé luttent d'être transparent. Personnes souffrant d'insécurité ont également du mal à être transparent ou vulnérables à d'autres parce qu'ils ne se sentent pas en sécurité, même dans leur propre peau.

> Matthieu 26:37-39 "*Il prit avec lui Pierre et les deux fils de Zébédée, et il commença à éprouver de la tristesse et des angoisses. Il leur dit alors: Mon âme est triste jusqu'à la mort; restez ici, et veillez avec moi. Puis, ayant fait quelques pas en avant, il se jeta sur sa face, et pria ainsi: Mon Père, s'il est possible, que cette coupe s'éloigne de moi! Toutefois, non pas ce que je veux, mais ce que tu veux.*"

Quand vos motivations sont pures , la transparence vient de maniere naturelle . Jésus n'a pas eu à cacher ses sentiments parce qu'il était en sécurité dans l'amour du Père et sûr de sa mission . Il est venu pour mourir et il ne tarda pas à être séparé du Père . C'était une nouvelle expérience pour lui . Jusqu'à maintenant, il a été l'un avec le Père et ils n'ont jamais été séparés par le temps ou l'espace. Mais, Jésus est devenu péché et la mort allait bientôt les séparer. Jésus était extrêmement affligé , au point où être en vie à cette réalité en ce moment était pareille que la mort . Jésus dit à ses trois meilleurs amis exactement comment il se sentait. Tout le monde a besoin de gens avec lequelles qu'ils se sentent en sécurité, afin qu'ils puissent partager comment ils se sentent vraiment avec des personnes de confiance. Ces hommes n'étaient pas parfaits, ils étaient dignes de confiance. Jésus n'est pas stupide , il les a choisis intentionnellement. Il les a menner intentionnellement à la montagne où il serait transfiguré dans le lieu de la prière . Ce sont les trois mêmes qu'Il a pris pour élever la jeune fille de la mort . Son motif était de leur révéler qui il était vraiment. La volonté du Père est que Jésus serait révélé. ' L'apocalypse née de la relation. Partout où il y a une relation authentique, il y a a la fois de la transparence et de la révélation. L'une des clés pour marcher dans la révélation c'est de promèner dans la transparence. Si vous voulez marcher dans la révélation, alors soyez transparent avec les autres. Si vous voulez être digne de confiance pour les autres, alors il faut leur faire confiance et être transparent. Le fait que Jésus ce sentait vraiment triste ne veut pas dire que cétait un péché. Il avait une raison de se sentir de cette façon. Quand nous marchons dans la vérité, nos émotions deviennent en contacte avec la réalité. Ce qui est génial, c'est que Jésus était sans péché, alors il n'avait pas de péché à confesser. Transparence de sa perspective impliquait de partager ce qu'il ressentait avec ceux qui il avait confiance.

Être transparent n'est pas seulement de partagér ce que nous ressentons avec des gens de confiance. Il s'agit de la responsabilité de discuté plus tôt. Même Jésus - qui est sans péché - rends des comptes au Père et Sa Parole. Pour nous, cela signifie aussi confesser notre péché, admettre quand nous avons tort, et prendre de la responsibilité avec les autres par rapport a reconnaître à ceux que nous menons que nous aurions pu faire quelque chose de mieux. Les gens sont à la recherche de la transparence en matière des qualités de menneur d'homme.

En Juin 2012, j'étais à Fortaleza, Brésil en train d'enseigner et de menner une équipe dans la rue pour prêcher l'évangile et guérir les malades. J'ai commencé un de mes séances en disant l'église et le monde n'ont pas besoin de leaders qui soient parfaits mais ils ont tous les deux besoin de gens honnêtes. Personnellement, je pense que la transparence est une condition préalable pour le leader dans le Royaume. Pensez à ce sujet. Si quelqu'un a quelque chose à cacher, pourquoi devraient-ils faire confiance? Si quelqu'un ne peut pas faire confiance, comment ont-ils le droit de dirigér les gens?

> Jacques 5:16 "*Confessez donc vos péchés les uns aux autres, et priez les uns pour les autres, afin que vous soyez guéris. La prière fervente du juste a une grande efficace.*"

Si nous ne pouvons pas confesser nos péché, nous n'obtiendrons pas le perdon. Si nous ne pardonnons pas, nous ne pouvons être pardonnés. La confession non seulement libère une personne du péché, il enlève également l'honte de leurs épaules. Une autre chose que la confession fait c'est qu'elle libére les autres du jugement, ils ont peut-être retenu contre nous à cause de notre péché ouvert ou secret. Notre confession du péché a la capacité de mettre quelqu'un d'autre sans suspicion. Il n'y a pas de relations authentiques sans transparence. Il n'existe pas de communauté authentique sans la confession des fautes et péchés. Confesser de défauts est également à prendre la responsabilité de nos actions. Lorsque le péché est confessé, la honte est retiré. Lorsque la honte est enlevé, au lieu de se cacher des autres, nous devenons des personnes qui se confient d'autres po Quand quelqu'un avoue qu'ils ont tort, l'autre personne, à son tour, a confiance en eux parce qu'ils sont honnêtes. La confiance mène toujours à l'honnêteté. L'honnêteté conduit à la confiance. Les gens auront confiance en nous dans la mesure où nous sommes honnêtes avec eux.

Rester Concentré

concentrer

1. centre de l'intérêt ou de l'activité : cette génération a fait de l'environnement un centre de l'attention .
• un acte de concentrer l'intérêt ou de l'activité sur quelque chose: nous concentrer sur les besoins du client .
• Géologie du point d'origine d'un tremblement de terre. Comparer avec épicentre .
• Médecine du principal site d'une infection ou autre maladie .
• Linguistique de la part d'une phrase donnée d'importance , généralement l'accent ou le contraste , par exemple , Bob à Bob qu'il était venu , pas le projet de loi . Comparer avec rhème .
2. de l'état ou de la qualité de la production ou ayant définition visuelle claire : son visage est plutôt floue .
• un autre terme pour point focal .
• le moment où un objet doit être situé par rapport à une lentille ou un miroir pour une image de celui-ci à

être bien défini .
• un dispositif sur un objectif qui peut être ajusté pour produire une image claire .

concentré

le fait de diriger beaucoup d'attention, intérêt, ou activité vers un but particulier : Darren sait qu'il veut et il est très concentré. Il semble être très concentré sur le nouveau défi. Le besoin pour la recherche plus concentrée.

Romains 15:4 "*Or, tout ce qui a été écrit d'avance l'a été pour notre instruction, afin que, par la patience, et par la consolation que donnent les Écritures, nous possédions l'espérance.*"

L'apprentissage biblique doit produire de la patience, le confort et l'espoir. Durant les Saintes Écritures nous voyons des choix que les leaders ont faits qui honoraient à Dieu, et nous voyons qu'il y en a ceux qui ont profité par leurs choix sages. Dans les Saintes Écritures nous voyons aussi des leaders qui ont fait de mauvais choix; les gens et les générations futures ont souffert à cause des choix intéressés et fous de leaur leader. Quand nous voyons les choix sages qui ont été faits par les leaders dans la Bible, nous devrions être remplis de l'espoir. Si nous faisons des choix sages, d'autres profiteront d'eux. C'est un des aspects principaux de direction. Quelqu'un qui est un menneur d'hommes est concerné par les autres, non seulement d'eux . Si vous voyez quelqu'un qui est seulement dans cela pour ce qu'ils peuvent recevoir, ils sont simplement pas un leader/meneur d"hommes, malgré la position ou le titre qu'ils peuvent tenir. Les choix qu'un meneur d'hommes fait devraient protéger les gens qui leur suivent. Comme les leaders dans le Royaume nous devons avoir le meilleur intérêt dans l'idée des gens. Nous allons apprendre directement de Jésus. Il avait le meilleur intérêt de tous les gens, il avait l'éternité en tête, ce qui est pourquoi il a donné Sa vie sur la croix - le sacrifice d'un pour la liberté d'entre beaucoup. Il n'y a aucune meilleure image que cela. La conduisant est vraiment l'amour. Nous aimons les autres et nous le demontrons s avec notre temps, mots, actions, choix et ressources. Parce que Jésus nous a aimés, Il n'est pas seulement mort pour nous mais Il a vécu pour nous, en mettant de l' exemple dans la vie sur ce qui peut se ressembler le Royaume pendant que nous sommes ici sur la terre.Nous compterons sur Jésus et autres leaders pour saisir quelques principes qui nous prépareront à une gestion fidèle d'influence dans le Royaume des cieux.

Les leaders du royaume sont ceux qui restent concentrés en Jésus, et a ce qu'il les a appelés pour faire. Quand Dieu a d'abord commencé à parler à Noah il avait cinq cents ans. Quand il a commencé à pleuvoir, il avait six cents ans. Peut-être il l'a pris quelque temps pour construire l'arche. C'était sans doute stimulant. À n'importe quel point, il aurait pu perdu la concentration est devenir distrait et même quitté ce qu'il était en train de faire. Remerciez Dieu qu'il n'a pas fait. Sa vie et famille étaient un résultat direct de sa fidélité et persévérance. Il n'a pas perdu de cœur et motivation parce qu'il est resté concentré. Jusqu'à aujourd'hui, la Bible n'en parle pas s'il a plu auparavant . Les gens ont sans doute cru qu'il a été fou. Peut-être que même sa famille ont cru qu'il était un peu fou. Alors, quand il a fini, il était dans le bateau sept jours avant qu'il aille vraiment plu. Cela a pris de la foi. Je peux juste imaginer certaines personnes folles à l'extérieur du bateau criant et se moquant de lui jusqu'à ce qu'il ait commencé à pleuvoir.

Depuis environ cent ans il a été concentré sur une tâche. Cela n'as pas vraiment été très excitant. C'est possible qu'il n'a pas eu la chair de poule mais il est resté concentré et il a fait ce que Dieu l'a appelé pour faire. C'est une grande leçon pour les leaders d'aujourd'hui. Même si cela prends du temps et Il paraît que ce que vous faites est fou, continuer juste d'être fidèle parce que là viendra un jour où vous et votre famille et ceux-là que vous menez serez des bénéficiaires. Si vous restez concentrés et étant fidèle. Souvent le salut de Dieu est vu par la fidélité d'hommes. Les hommes ne peuvent pas provoquer le salut, mais Dieu le fait par les croyants fidèles et dociles. De la même façon l'obéissance de Noah a créé un endroit de refuge et la restauration pour sa famille et les animaux c'est la même façon avec les leaders, par leur obéissance ils créent un endroit de refuge et de restauration pour les autres. Comme les meneurs d'hommes dans le Royaume nous devons comprendre que les choix que nous faisons vraiment affectent les gens.Notre obéissance à Dieu crée toujours un lieu digne de confiance pour les autres. Leaders qui obéissent à Dieu sont dignes de confiance aux gens.

Lorsque la confiance est là, il ya la sécurité.

Moïse était un ami de Dieu.

> "*L'ÉTERNEL parlait avec Moïse face à face, comme un homme parle à son ami. Puis Moïse retournait au camp; mais son jeune serviteur, Josué, fils de Nun, ne sortait pas du milieu de la tente.* " (Exode 33:11)

Moïse a été définie non pas par ce qu'il a fait, mais par la relation que Dieu avait avec lui. Dieu le connaissait très intimement donc il l'a utilisé façon très puissante. Le Royaume s'agit d'une amitié avec Dieu et de grands exploits pour les hommes.

> "*Moïse à l'est il est resté deux fois 40 jours dans la manifestationo de la gloire de Dieu. Je ne peux pas imaginer quelque chose de plus intense que celle ci, sauf peut-être le Christ en vous et l'espérance de la gloire."Moïse descendit de la montagne de Sinaï, ayant les deux tables du témoignage dans sa main, en descendant de la montagne; et il ne savait pas que la peau de son visage rayonnait, parce qu'il avait parlé avec L'ÉTERNELAaron et tous les enfants d'Israël regardèrent Moïse, et voici la peau de son visage rayonnait; et ils craignaient de s'approcher de lui. Moïse les appela; Aaron et tous les principaux de l'assemblée vinrent auprès de lui, et il leur parla. Après cela, tous les enfants d'Israël s'approchèrent, et il leur donna tous les*

> *ordres qu'il avait reçus de L'ÉTERNEL, sur la montagne de Sinaï. Lorsque Moïse eut achevé de leur parler, il mit un voile sur son visage. Quand Moïse entrait devant L'ÉTERNEL, pour lui parler, il ôtait le voile, jusqu'à ce qu'il sortît; et quand il sortait, il disait aux enfants d'Israël ce qui lui avait été ordonné.Les enfants d'Israël regardaient le visage de Moïse, et voyait que la peau de son visage rayonnait; et Moïse remettait le voile sur son visage jusqu'à ce qu'il entrât, pour parler avec l'Éternel."* (Exode 34:29-35)

Moïse a commencé à ressembler à celui qu'il regardait. Moïse en mettant un voile sur son visage, ce qui est une leçon incroyable, surtout pour pentecôtistes / charismatiques croyants. Signes et des prodiges ne doivent jamais distraire le peuple de Dieu, de Dieu Lui-même, ou de l'obéissance à ses commandements. Les gens avaient peur de Moïse quand ils ont vu son visage briller, s'ill a mis un voile sur son visage afin que le peuple de Dieu n'étaient pas distraits par lui ou un signe. Plupart des leaders d'aujourd'hui apporteraient une vidéo sur YouTube avec leur visages briller, et ils tentent à d'écrire un livre à ce sujet, mais Moïse voilait son visage parce que son cœur a été fomé, et ce qu'il cherchait à craindre c'est de ne pas détourner l'attention des commandements qu'il donnait au peuple de Dieu. Si nous pensons que les gens nous appartiennent, nous ne serons pas bien devenir une distraction pour eux ou d'être le centre de leur attention. Mais si nous comprenons qu'ils sont son peuple, nous voulons qu'il soit leur orientation. Rappelez-vous que Jésus â dit à

Pierre: “Pais mes brebis “, il n’a pas dit pais tes agneaux. (Jean 21:15-17.)En tant que leaders, nous devons toujours garder à l’esprit que les gens appartiennent au Seigneur et pas à nous. C’est comme quelqu’un qui voit quelqu’un qui voit guérison, des miracles, des signes et des prodiges régulièrement. Je comprends parfaitement que nous ne pouvons pas laisser ces signes prendre notre attention de la Parole de Dieu, qui est une personne. Jésus doit être le centre de tout ce que nous désirons et faisons. Ce point est crucial et il faut être sensible, tendre, et conscient de garder Jésus au centre d’une façon pratique, tactique. Nos actions doivent montrer a tous, et au monde que rien ni personne ne signifie plus pour nous que le Christ.

Le roi Ezéchias était un grand réformateur. Les réformistes sont ceux qui traite ouvertement d’affornter l’idolâtrie. En tant que leaders, nous devons nous débarrasser de tout ce qui s’interpose entre Dieu et nous. Ça devrait commencer dans notre vie privée et de déborder dans notre vie publique. Dieu est jaloux de nous. Sa jalousie est sainte. Il est l’un de ses attributs qui nous attire effectivement à lui. Sa jalousie n’est pas produit par l’insécurité, mais par amour. Il nous aime et qu’il ne veut pas quelque chose ou quelqu’un s’interpose entre lui et nous.

L’idolâtrie n’est pas seulement prier à Marie ou brûler de l’encens à une statue. C’est de mettre notre confiance ou l’espoir dans d’autres chose que Dieu.

> “*La troisième année d’Osée, fils d’Éla, roi d’Israël, Ézéchias, fils d’Achaz, roi de Juda, régna. Il avait vingt-cinq ans lorsqu’il devint roi, et il régna vingt-neuf ans à Jérusalem.*

> *Sa mère s'appelait Abi, fille de Zacharie ,Il fit ce qui est droit aux yeux de L'ÉTERNEL, entièrement comme avait fait David, son père. Il fit disparaître les hauts lieux, brisa les statues, abattit les idoles, et mit en pièces le serpent d'airain que Moïse avait fait, car les enfants d'Israël avaient jusqu'alors brûlé des parfums devant lui: on l'appelait Nehuschtan. Il mit sa confiance en L'ÉTERNEL, le Dieu d'Israël; et parmi tous les rois de Juda qui vinrent après lui ou qui le précédèrent, il n'y en eut point de semblable à lui. Il fut attaché à l'Éternel, il ne se détourna point de lui, et il observa les commandements que L'ÉTERNEL avait prescrits à Moïse. Et L'ÉTERNEL fut avec Ézéchias, qui réussit dans toutes ses entreprises. Il se révolta contre le roi d'Assyrie, et ne lui fut plus assujetti."* (2 Rois 18:1-7)

Le roi Ezéchias à fait deux choses très puissantes. La première est la démolition des images et de couper les plantations, faire "ce qui est droit aux yeux de l'Éternel." Dans cet acte, il traite avec les idoles profanes. La prochaine chose qu'il fit fut encore plus radicale. Il a cassé le serpent de bronze de Moïse en petits morceaux. Dieu avait dit à Moïse de faire le serpent de bronze comme un remède à une morsure de serpent venimeux: et si les gens le regardaient, ils vivraient. (Numbers 21:9 Nombres 21:9) Des années plus tard, l'image de la couleuvre était devenu une idole. Dans la détruire, Ezéchias traitait au faite, avec un idole religieuse. Ce qui avait fait que le mouvement de Dieu était devenu un monument. Les gens ont commencé à adorer l'instrument que Dieu a utilisé au lieu d'adorer Dieu même. Il y en a beaucoup de croyants qui l'adorent le passé. Cela les empêche du présent et l'avenir que Dieu a pour eux. La Religion cherche souvent à transformer un mouvement dans un monument.

Néhémie a refusé d'être arrêté ou distrait. Les qualités d'un meneur d'homme est tout au sujet de faire des choix qui manifestent la vision que Dieu vous a donné. Votre vision doit toujours profiter les autres. Si la vision est de Dieu, cette vision bénira a tout le monde .Nous devons être les leaders qui nous trouvons dans le Royaume de Dieu, et ne pas etre dans nos propres empires. Avant de nous pencher sur la mise au point ferme de la direction de Néhémie, je voudrais mettre l'attention sur la façon dont il a reçu la vision.

> Néhémie 1:3-4 "*Ils me répondirent: Ceux qui sont restés de la captivité sont là dans la province, au comble du malheur et de l'opprobre; les murailles de Jérusalem sont en ruines, et ses portes sont consumées par le feu. Lorsque j'entendis ces choses, je m'assis, je pleurai, et je fus plusieurs jours dans la désolation. Je jeûnai et je priai devant le Dieu des cieux.*"

Dieu a permis à Néhémie à être le cœur brisé pour les personnes et les conditions dans lesquelles ils vivaient. Lorsque Dieu nous brise le cœur, son intention est d'ouvrir nos yeux car il ya du travail à faire. Les murs ont été brisées et les portes ont été brûlées. Les murs brisés signifiait que les gens n'étaient pas protégés, et les portes brûlées signifiait qu'il y avait personne pour juger entre les gens. Les gens avaient une crise de direction. Dieu allait utiliser Néhémie et ses hommes pour résoudre ce problème. Le processus a commencé avec le jeûne et la prière. Permettez-moi le dire comme ça: il ya certaines choses qui se passent que par la prière et le jeûne. En disant ça comme ça, il y a d'autres choses qui ne se passeraient jamais simplement par la prière et le jeûne parce que Dieu exige une action correspondante de ceux qui prient et jeûne. La foi sans les œuvres est morte. L'œuvre de Dieu à travers Néhémie a été précédée par la faveur du Seigneur sur lui et il a été complété par la grâce de Dieu et la persévérance de Néhémie et ceux qui l'ont servi à côtés de lui. NoticeJe n'ai pas dit les qui ont servi sous ses ordres. J'ai dit ceux qui servaient à côté de lui. Les leaders doivent rester dans les tranchées avec les gens et donner l'exemple. Quand les leaders ne travaillent pas côtés du peuple, les gens perdent la confiance au leader. Alors Néhémie et l'équipe commencent à construire le mur et la menace de l'opposition viennent. En dépit de l'opposition, Néhémie refuse d'avoir peur et continue son travail. L'ennemi va essayer d'utiliser la peur pour nous neutraliser, mais nous devons choisir la crainte du Seigneur, pas la crainte de l'homme, et de continuer l'œuvre que Dieu nous a appelés a faire. Lorsque nous refusons d'être distrait, nous sommes en train de dire à Dieu, il est notre première priorité. Si nous sommes distraits, alors c'est généralement une question du coeur, pas un problème de tête. Si nous sommes immatures, cela peut être un problème de tête, mais ceux qui sont matures gardent leurs priorités en ordre parce que leur cœur est droit devant Dieu. Ce que j'aime à propos de Néhémie c'est qu'il est un leader réaliste.Néhémie 4:17-18 nous dit qu'ils avaient une épée dans une main et une pelle dans l'autre main. Il a refusé de se laisser distraire. Il est resté alerte et préparé pour son adversaire. Cette image nous donne un bon aperçu pratique quand il s'agit de la guerre spirituelle et l'œuvre du Seigneur. Voici des conseils profonde: rester vigilant et continuer à travailler.

C'est intéressant. On pourrait penser que l'épée était l'arme offensive. Dans ce cas, la pelle est l'arme offensive et l'épée est l'arme défensive. Il ya une leçon à cet égard. Ne cherchez pas de batailles de combat spirituel inutiles. Faites le travail du Seigneur dans la terre. Prennez votre position et de rester alerte. Le travail offensif est de faire ce que Dieu a commandé.

> Néhémie 6:1-7 "*Je n'avais pas encore posé les battants des portes, lorsque Sanballat, Tobija, Guéschem, l'Arabe, et nos autres ennemis apprirent que j'avais rebâti la muraille et qu'il n'y restait plus de brèche; (si à l'époque je n'avais pas mis les portes sur l'entrées;) Alors Sanballat et Guéschem m'envoyèrent dire: Viens, et ayons ensemble une entrevue dans les villages de la vallée d'Ono. Ils avaient médité de me faire du mal.. Je leur envoyai des messagers avec cette réponse: J'ai un grand ouvrage à exécuter, et je ne puis descendre; le travail serait interrompu pendant que je quitterais pour aller vers vous. : Ils m'adressèrent quatre fois*

> *la même demande, et je leur fis la même réponse. Sanballat m'envoya ce message une cinquième fois par son serviteur, qui tenait à la main une lettre ouverte. Il y était écrit: Le bruit se répand parmi les nations et Gaschmu affirme que toi et les Juifs vous pensez à vous révolter, et que c'est dans ce but que tu rebâtis la muraille. Tu vas, dit-on, devenir leur roi, tu as même établi des prophètes pour te proclamer à Jérusalem roi de Juda. Et maintenant ces choses arriveront à la connaissance du roi. Viens donc, et consultons-nous ensemble."*

Comme Néhémie et ses hommes s'apprêtaient à terminer le travail, leurs ennemis ont essayé de les distraire. Encore une fois, ils ont refusé de se laisser distraire. Néhémie était au courant de leurs mauvaises intentions, mais ils ne se sont pas déplacé par la peur d'eux. En tant que leaders, nous devons être conscients des intentions des autres. Quand quelqu'un est en marche dans un niveau élevé de discernementqu'ils sont en mesure de revenir sur les intentions des autres pour le meilleur ou pour le pire. Voici Néhémie savait non seulement leurs intentions, mais il a continué à les affronter sur les mensonges qu'ils se répandaient sur lui. Il n'est pas allé lui-même mais il envoya des messagers. Ce fut très sage de sa part. Aurait-il descendu à leur rencontre, peut-être qu'il n'aurait jamais pu revenir et de terminer le mur. Si vous continuez à lire l'histoire en (Néhémie 6:8-16), vous verrez que Néhémie n'était ni peureux ni inquiet sur l'auto-préservation. Il était plus préoccupé par sa mission que sa réputation. Ses ennemis ont essayé de le manipuler avec une prophétie auto-conçu. Ils étaient incapables de le manipuler parce qu'il connaissait sa mission. Lorsque nous réalisons la vision de Dieu et nous savons que notre mission, nous sommes incapables d'être manipulé par l'homme aussi longtemps que nous craignons Dieu.

En plus de ça, il ya plusieurs choses que nous pouvons apprendre concernant l'ennemi de cette histoire. Il est très persistant et utilisera la prophétie - ou, plus exactement, la fausse prophétie - pour essayer de manipuler le peuple de Dieu. L'ennemi utilise aussi le moment stratégique. Dans l'histoire de Néhémie, il arriva au moment où ils étaient sur le point d'avoir bientôt finis. Satan ne se préoccupe pas si on commence bien. Son principal objectif est de nous empêcher de finir bien. Je veux profiter de cette occasion pour parler sur vous et vous dire que, dans le nom de Jésus, vous allez bien finir!

Jésus-Christ à modelé une direction parfaite, car il a toujours préféré les autres. Le bonnes qualités des meneurs d'hommes consiste à servir les autres, pas de les manipuler de vous servir. Marc 10:45 "*Car le Fils de l'homme est venu, non pour être servi, mais pour servir et donner sa vie comme la rançon de plusieurs.*" L'apôtre Paul nous dit dans Romains 12:10 que nous devrions préférer les un et les autre. Il obtient ce concept de Jésus-Christ.

Christ est le plus grand exemple en tant que leader parce qu'il a a suivi le Saint-Esprit et faisait toujours les choses qui plaisaient au Père. Au cœur même de la qulités de meneur d'homme vie notre relation avec notre Père céleste. La filiation c'est d'être conduit par le Saint-Esprit. Si le Saint-Esprit nous mène alors, et seulement alors nous sont qualifiés pour diriger les autres.

Jésus a été très clair sur sa mission et il a refusé de se laisser distraire, donc tout commence par la suite du leader. Le plus clair que nous sommes sur notre mission, plus il est facile de rester concentré sur elle. Quand nous sommes pleinement engagés, il est plus facile de rester concentré et ne pas être distrait. Généralement si il ya un manque d'engagement, il y aura un manque de concentration. Jésus a été pleinement engagé. Par conséquent, il a été totalement concentré.

L'une des clés du succès c'est vous devez donner à ce que vous faites votre attention exclusive pendant que vous le faites. Si vous passez du temps avec Dieu, éteignez votre téléphone et tous les appareils qui reçoivent des e-mails (courriers électronique). Si vous êtes sur une rendez-vous amoureaux avec votre mari ou épouse laisser votre téléphone dans la voiture. Si vous êtes dans un service de l'église prenez des notesLorsque nous sachions comme valoriser ce que nous faisons, il faut etre fidèles à donner tout notre possible. En plus de ça, lorsque nous évaluons quoi nous sommes en train de suivre, qui sont les gens que nous servons et ceux avec qui nous travaillons avec (nos collègues), nos cœurs seront entièrement à fond dedans.

Le Père a donné le meilleur de Lui - Jésus. Donc par conséquent, nous devons donner notre meilleure! L'excellence dans ce que nous faisons nous qualifie pour parler à des gens qui normalement ne seraient pas disposer à nous écouter. Daniel était d'un excellent esprit et il a été recherché parce qu'il possédait un don qui a été nécessaire à son époque. Vous possédez aussi un don qui est nécessaire dans votre journée. Si vous êtes d'un excellent esprit, vous aussi serez recherché. N'oubliez pas que votre don fera de la place pour vous, quand ce don est utilisé pour servir les autres et révéler Jésus.

Lorsque Dieu peut nous pleinement confiance, il n'ya aucune limite pour ce qu'il peut faire à travers nous. Jésus a dit:"*En vérité, en vérité, je vous le dis, celui qui croit en moi fera aussi les oeuvres que je fais, et il en fera de plus grandes, parce que je m'en vais au Père .*" L'haute ministère sacerdotal de Jésus et d'intercession nous rend capables de faire de plus grandes œuvres que Lui. Il ne met aucune limite à ce qu'il peut faire à travers nous, mais souvent nous mettons les limites. Permettez-moi de le dire clairement: votre passé ne vous disqualifie pas.

Jésus a vaincu toutes les tentations de Satan lui lança dans le désert. L'Écriture dit qu'Il a été tenté tout au long de sa vie dans le ministère, comme un homme et sur la terre. Il se tenait bien et il a eu du succès contre l'ennemi à chaque fois. Jésus parlait avec de l'autorité au diable même. Jésus dit littéralement satan de passer derrière lui. C'est magnifique. Ici, Jésus révèle son autorité totale et l'absence totale de la peur de l'ennemi. Il a été dire à Satan: "*vous êtes pas une menace pour moi et je n'ai pas peur de tourner le dos à vous parce que vous ne pouvez pas me toucher ou me nuire en aucune façon.*"

Quand j'arrête de penser à tout ce que Jésus est, il submerge tout mon cœur d'une nouvelle manière. En fait, arrêtez de lire pendant un petit moment et pensé seulement à Jésus.
Selah.

Rappelez-vous tout ce qu'il a fait pour vous dans votre vie. Les leaders doivent demeurer de cœur tendre, surtout s'ils veulent être véritablement préoccupés par le bien-être du peuple. Une des clés pour rester le cœur tendre est de se rappeler de toutes les œuvres que le Seigneur a fait à la fois dans et à travers votre vie.

* * *

Pierre a été libéré de prison d 'une maniere surnaturellement. Dans ce véritable récit historique du livre des Actes, il ya quelque chose que nous devons comprendre aujourd'hui.

> Actes 12:1 – 17 *"Vers le même temps, le roi Hérode se mit à maltraiter quelques membres de l'Église, et il fit mourir par l'épée Jacques, frère de Jean.Voyant que cela était agréable aux Juifs, il fit encore arrêter Pierre. -C'était pendant les jours des pains sans levain. - Après l'avoir saisi et jeté en prison, il le mit sous la garde de quatre escouades de quatre soldats chacune, avec l'intention de le faire comparaître devant le peuple après la Pâque. Pierre donc était gardé dans la prison; et l'Église ne cessait d'adresser pour lui des prières à Dieu. La nuit qui précéda le jour où Hérode allait le faire comparaître, Pierre, lié de deux chaînes, dormait entre deux soldats; et des sentinelles devant la porte gardaient la prison. Et voici, un ange du Seigneur survint, et une lumière brilla dans la prison. L'ange réveilla Pierre, en le frappant au côté,*

et en disant: Lève-toi promptement! Les chaînes tombèrent de ses mains. Et l'ange lui dit: Mets ta ceinture et tes sandales. Et il fit ainsi. L'ange lui dit encore: Enveloppe-toi de ton manteau, et suis-moi. Pierre sortit, et le suivit, ne sachant pas que ce qui se faisait par l'ange fût réel, et s'imaginant avoir une vision. Lorsqu'ils eurent passé la première garde, puis la seconde, ils arrivèrent à la porte de fer qui mène à la ville, et qui s'ouvrit d'elle-même devant eux; ils sortirent, et s'avancèrent dans une rue. Aussitôt l'ange quitta Pierre. Revenu à lui-même, Pierre dit: Je vois maintenant d'une manière certaine que le Seigneur a envoyé son ange, et qu'il m'a délivré de la main d'Hérode et de tout ce que le peuple juif attendait. Après avoir réfléchi, il se dirigea vers la maison de Marie, mère de Jean, surnommé Marc, où beaucoup de personnes étaient réunies et priaient. Il frappa à la porte du vestibule, et une servante, nommée Rhode, s'approcha pour écouter. Elle reconnut la voix de Pierre; et, dans sa joie, au lieu d'ouvrir, elle courut annoncer que Pierre était devant la porte. Ils lui dirent: Tu es folle. Mais elle affirma que la chose était ainsi. Et ils dirent: C'est son ange. Cependant Pierre continuait à frapper. Ils ouvrirent, et furent étonnés de le voir. Pierre, leur ayant de la main fait signe de se taire, leur raconta comment le Seigneur l'avait tiré de la prison, et il dit: Annoncez-le à Jacques et aux frères. Puis il sortit, et s'en alla dans un autre lieu."

Voici un aperçu rapide de ce qui s'est passe. L'église est persécuté parce qu'il est considéré comme une menace, même si les croyants font de bonnes actions, des œuvres surnaturelles et rien d'autre. L'église qui prêche l'évangile est l'église qui sera une menace. Tout ce qui est une menace sera persécuté à un certain niveau. Jacques avait été martyrisé et, pour faire plaisir aux gens, Hérode a pris Pierre en tant que prisonnier. L'esprit politique cherche toujours à plaire aux hommes. Ce leader politique n'était pas intéressé par la justice. Il était intéressé à plaire à un groupe d'intéressées spécial appelé les Juifs. Seize gardiens de prison ont été attribués à Pierre.Comme si cela ne suffisait pas, pendant qu'il dormait, il a été attaché directement à deux d'entre eux. L'église priait sans cesse. Dieu a répondu aux prières de l'église en libérant l'ange du Seigneur pour aller chercher Pierre en prison. L'ange du Seigneur frappe les gens dans la prison, jusqu'à réveiller Pierre, lui ordonne de se lever, de prendre ses vêtements et ses chaussures et de le suivre. Comme Pierre se lève ses chaînes tombent. L'ange n'habille pas Pierre. Il lui dit de s'habiller. Il est important de connaître notre part à la volonté de Dieu. L'ange est venu chercher Pierre pour lui faire sortir de prison, pas mettre ses vêtements sur lui. Souvent, les gens veulent que Dieu faisse, dans sa volonté, leur part mais ce n'est pas ça la collaboration dans le propos de Dieu, Il ne fera pas notre part et vous ne pouvez faire Son rôle.

Lorsque cela se produit, Pierre pense qu'il a dû avoir une vision. Dans la réalité, le ciel à envahi la terre de telle sorte qu'il lui a fallu un moment pour comprendre ce qui vient de se passer. Donc, il va là où l'église est en train de prier et frappe à la porte. Malgré l'église prié toute la nuit pour Pierre d'être libéré, quand il frappa à la porte, ils ne croyaient pas qu'il était là. Je trouve intéressant de voir comment de vrais croyants passionnés peuvent prier toute la nuit et ne pas voir la réponse à leurs prières quand il est debout en face d'eux. Nous ne devons pas laisser l'incrédulité être la chose qui nourrie les réunions des nuit de prière. Quand ils ont finalement compris que c'est vraiment Pierre, qu'ils l'ont laissé rentrer dans la maison. Je veux mettre brièvement notre attention en raison de Pierre de ce qui venait de lui arriver et je tiens également à vous montrer ses priorités à travers ce qu'il a dit à l'église.

> "*Pierre, leur ayant de la main fait signe de se taire, leur raconta comment le Seigneur l'avait tiré de la prison, et il dit: Annoncez-le à Jacques et aux frères. Puis il sortit, et s'en alla dans un autre lieu.*" (Actes 12:17)

Ici, dans ce qui concerne Pierre, il n'a pas mentionné un ange. Pierre en tant que leader sage et mature permet de garder les yeux de l'Eglise sur le Christ seul. Pierre a vu passé l'ange et vu que le Seigneur a commandé l'ange à venir et le faire sortir de prison. Il démontre une véritable préoccupation pour les frères quand il demande à ceux dans la salle pour faire savoir aux autres qu'il est libre de prison. Il était plus préoccupé par les frères étant réconforté par sa libération que de fasciner tout le monde avec l'histoire d'un ange.Je crois vraiment qu'il ya un endroit pour les témoignages surnaturels. Un jour, lors d'un voyage du ministère à l'Estonie, un ange m'a réveillé. Tout cela est très bien avec moi. Il est juste assez impressionnant de voir l'égocentrisme de Pierre sur Christ, et de son souci pour que les frères soient consolés, quand il vient de traverser une telle expérience personnelle intense. Il était assez mûr pour diriger l'attention vers le Seigneur Jésus et à utiliser sa liberté comme une source d'encouragement pour les autres. En tant que leaders, nous devons suivre cet exemple. Témoignages surnaturels doivent rester centrée sur Christ et être utilisés pour édifier et encourager les autres, pas simplement pour soi-même ou pour avoir un avancement dans le ministère. Le surnaturel amène l'avancement par soi-même . Notre travail consiste à aider les gens à rester concentré sur Jésus et aider d'autres personnes à rester encouragés par notre exemple. Les leaders ne se contentent pas d'encourager les autres, ils enseignent aux autres comment eux mêmes peuvent être encouragés dans le Seigneur. Les meneur d'hommes devraient rayonner tant d'espoir qu'elle est contagieuse.

L'integrité

L'integrité

1 la qualité d'être honnête et ayant des principes moraux; droiture morale: il est connu pour être un homme intègre.
2 l'état complet et indivisible: le respect de l'intégrité territoriale et la souveraineté nationale.
• L'état d'être unifié, intact, ou un son dans la construction: l'intégrité structurale du roman.
• La cohérence interne ou l'absence de corruption dans les données électroniques: [comme modificateur]: contrôle d'intégrité.

Intégrité nous donne de la crédibilité. Si les gens ne voient pas notre intégrité, ils ne voudront pas entendre notre vérité. L'intégrité est ce qui rend une personne digne de confiance pour les autres. Dans ce monde, l'intégrité est une plus rare provision. Si vous avez l'intégrité, vous êtes précieux et, par conséquent, susceptible de devenir une partie intégrante du travail avec lesquels vous êtes impliqué/e. Les meneurs d'hommes devraient être s'intéressé à la longévité, car la vision de Dieu est sur plusieurs générations. La longévité n'est possible que par l'intégrité. Souvent, les gens qui n'ont pas de sens dans leur vie ont vraiment manquent d'intégrité pour L'intégrité des hommes droits les dirige voir Proverbes 11:3 Dans le monde naturel, nous devons être guidés par l'intégrité, dans le spirituel, nous devons être guidés par la vérité. Lorsque nous avons une boussole morale forte, nous avons habituellement une direction claire dans la vie, les affaires commerciales et le ministère.

Dans le Royaume de Dieu, il n'y a qu'une seule direction: vers l'avant. La marche en avant dans le Royaume n'a jamais exige de compromis. Les gens du Royaume possèdent intégrité et ne vont pas sacrifier leur moralité ou à l'intégrité personnelle pour 'avancer. Dans le Royaume de Dieu, il n'ya pas de raccourcis. La vertu spirituelle se développe dans notre vie au fil du temps. Les premières graines doivent mourir, et alors ils peuvent réapparaitre en surface. Ce processus prend du temps. Quelque chose de trop rapide n'est pas naturel, normal ou durable.

L'un des moyens d'obtenir l'intégrité est en nous rendant responsable aux autres. Avoir l'intégrité ne signifie pas que nous sommes parfaits. Cela signifie que nous sommes honnêtes et nous prenons la responsabilité de nos paroles et nos actions. Cela signifie que nous, en tant que leaders nous pouvons admettre quand nous avons tort. Les gens ne sont pas à la recherche de les leaders parfaits, ils ont à la recherche de leaders honnêtes. Une personne qui est honnête avec les autres doit d'abord être honnête avec lui-même. Les gens qui mentent aux autres mentent généralement à soi-même.

Dans le livre de Job, là nous voyons une grande illustration de la façon dont l'intégrité est obtenue. Il est largement reconnu que Moïse a écrit le livre de Job. Moïse commence le livre de Job avec son point de vue sur Job. Voici ce que nous savons sur Job.*"Il y avait dans le pays d'Uts un homme qui s'appelait Job. Et cet homme était intègre et droit; il craignait Dieu, et se détournait du mal."* (Job 1:1) Job fait des sacrifices au Seigneur au nom de ses enfants qui aimaient faire la fête. Ensuite, les Écritures disent que *"Or, les fils de Dieu vinrent un jour se présenter devant l'Éternel, et Satan vint aussi au milieu d'eux."* Dieu et Satan sont un va-et-vient.

> *"L'ÉTERNEL dit à Satan: As-tu remarqué mon serviteur Job? Il n'y a personne comme lui sur la terre; c'est un homme intègre et droit, craignant Dieu, et se détournant du mal. Et Satan répondit à L'ÉTERNEL: Est-ce d'une manière désintéressée que Job craint Dieu? Ne l'as-tu pas protégé, lui, sa maison, et tout ce qui est à lui? Tu as béni l'oeuvre de ses mains, et ses troupeaux couvrent le pays. Mais étends ta main, touche à tout ce qui lui appartient, et je suis sûr qu'il te maudit en face. L'ÉTERNEL dit à Satan: Voici, tout ce qui lui appartient, je te le livre; seulement, ne porte pas la main sur lui. Et Satan se retira de devant la face de L'ÉTERNEL."* (Job 1:8-12)

Maintenant, nous voyons la perspective de Dieu sur Job. Dieu a vu un peu plus sur Job que Moïse a fait. Dieu a dit "*là il n'y a personne comme lui sur toute la terre.*"

Dieu voit sur vous ce que l'homme ne voit pas. Il croit en vous! Nous vivons vraiment avec un deuxième et mieux Alliance parce que nous avons la pensée de Christ et nous pouvons voir ce que Dieu voit. Alors tous l'enfer se déchaîne contre Job et la quasi-totalité de ses enfants meurent en un jour, (Job 1:13-19.) Voici la réponse de Job :

> "*Alors Job se leva, déchira son manteau, et se rasa la tête; puis, se jetant par terre, il se prosterna, et dit: Je suis sorti nu du sein de ma mère, et nu je retournerai dans le sein de la terre. L'ÉTERNEL a donné, et L'ÉTERNEL a ôté; que le nom de L'ÉTERNEL soit béni!*" (Job 1:20-21)

Honnêtement, c'est la réponse la plus sage possible. Les difficultés peuvent produire soit l'amertume ou le culte, l'un ou l'autre. Nous devons choisir de donner à Dieu ce qu'il mérite, malgré ce que nous sommes en train de traverser. Voici l'observation de Moïse sur tout ce qui venait de se passer à Job."En tout cela, Job ne pécha point et n'attribua rien d'injuste à Dieu. " Job 1:22 De sorte que les fils de Dieu viennent pour se présenter devant le Seigneur et Satan arrive avec eux. Le Seigneur demande satan d'où il venait? Alors satan répond Dieu.

> "*L'Éternel dit à Satan: As-tu remarqué mon serviteur Job? Il n'y a personne comme lui sur la terre; c'est un homme intègre et droit, craignant Dieu, et se détournant du mal. Il demeure ferme dans son intégrité, et tu m'excites à le perdre sans motif.* " (Job 2:3)

Maintenant Dieu mentionne quelque chose à propos de Job qu'il n'a pas mentionné avant. Le Seigneur à mentionne l'intégrité de Job. L'intégrité de Job, c'est qu'il n'a pas fait payer Dieu avec le mauvaises choses qui l'avait arrivé. Je tiens à vous dire que l'ennemi n'était pas vraiment après les enfants de Job, il était après l'intégrité de Job. Dans la misère et dans les tests, Dieu est toujours bon. Si Dieu est bon - et il est - sa bonté doit déborder sur Job, même dans toute cette misère. Dieu a su donner de l'intégrité à Job à travers la plus douloureuse de situations. Job obtenu l'intégrité par l'adversité. Il ya un message aussi pour vous et moi, et ce n'est que dans l'adversité que l'intégrité est obtenue.

Le diable n'est évidemment pas heureux du faite que Job a su maintenir son intégrité, alors il demande à Dieu pour avoir l'accès à Job.

> "*Et Satan répondit à l'Éternel: Peau pour peau! tout ce que possède un homme, il le donne pour sa vie. Mais étends ta main, touche à ses os et à sa chair, et je suis sûr qu'il te maudit en face. L'Éternel dit à Satan: Voici, je te le livre: seulement, épargne sa vie. Et Satan se retira de devant la face de*

> *l'Éternel. Puis il frappa Job d'un ulcère malin, depuis la plante du pied jusqu'au sommet de la tête. " (Job 2:4-7)*

Dans l'espoir de maudire Dieu dans son visage, satan affligé Job. Encore une fois, nous voyons que l'ennemi est après l'intégrité de Job. L'intégrité est de ne pas blâmer Dieu pour quelque chose qu'il n'a pas fait. Clairementce c'était l'ennemi qui l'a frappé avec un ulcère malin de la tête aux pieds.

> *"Et Job prit un tesson pour se gratter et s'assit sur la cendre. Sa femme lui dit: Tu demeures ferme dans ton intégrité! Maudis Dieu, et meurs! Mais Job lui répondit: Tu parles comme une femme insensée. Quoi! nous recevons de Dieu le bien, et nous ne recevrions pas aussi le mal! En tout cela Job ne pécha point par ses lèvres."* (Job 2:8-10)

Vous pouvez savoir si quelqu'un est intègre lorsque la personne la plus proche de lui dit qu'ils le sont. La femme de Job à vu ce qu'ill était réellement et toutes les épreuves qu'il a traversé. L'ennemi cherche à voler l'intégrité de Job et cette fois ci il était prêt à utiliser la femme de Job et encore il n'a pas réussie. Dans la dernière partie de la vie de Job, il a reçu deux fois plus de ce qu'il possédait auparavant. Je tiens à vous proposer que l'intégrité est l'outre qui nous permet de recevoir la plénitude de ce que Dieu a pour nous dans cette vie. Mon frère Aaron Livecchi dit comme ça: " La sagesse vous donne un message, mais l'intégrité fait de vous un message." La vie de Job était réellement un message d'intégrité et de la fidélité à travers quelques circonstances les plus pénibles et inexplicables qui pourraient arriver à un homme sur la planète terre. Et malgré de sa situation, il a choisi de ne pas accuser Dieu ou d'être en colère contre Lui, ou amer envers le Seigneur. Souvent les gens pensent de l'intégrité que cette en fonction de la façon dont nous nous adressons à l'autre. Mais, même avant ça l'intégrité est réellement la façon dont nous voyons Dieu. L'intégrité de Job était qu'il ne blâmé pas Dieu ou maudisait Dieu quand l'enfer s'est déchaîné contre lui.

L'intégrité est constitué dans le cœur qui est fidèle au Seigneur, dans le point de vue correct du Seigneur, c'est la base de l'intégrité. A partir de cette base viennent les pratiques de comment bien se relationer vers les gens. Les amis de Job donné une mauvaise image de Dieu à Job et Dieu n'était pas trop content à ce sujet. Voici la réponse de Job à donné ses amis qui sont en difficulté avec Dieu. "*L'ÉTERNEL rétablit Job dans son premier état, quand Job eut prié pour ses amis; et L'ÉTERNEL lui accorda le double de tout ce qu'il avait possédé.*" (Job 42:10)

Le succès qui à libérer Job de la captivité est venue quand il a prié pour ses amis à lui qui étaient en difficulté avec Dieu. Un leader est quelqu'un qui, même si dans un lieu de détresse ou de limitation, est plus préoccupé par le bien-être des autres. Job avait une image saine de Dieu, même dans l'ensemble de ses ennuis. Cela à fait du bien à ses amis qui lui avait donné une fausses déclarations de Dieu à lui et, comme il a prié pour eux, sa percée est venue. Si vous avez un cœur Intègre, ce n'est qu'une question de temps avant que vous allez entrez dans une percée surnaturel. Dieu récompense toujours la fidélité. Grâce à toutes les épreuves et les tribulations de Job, il a reussi a conserver son intégrité.Grâce à des tests que nous traversons, nous procurons avoir de l'intégrité, et grâce aux épreuves et les tribulations, nous conservons l'intégrité. Job était très indulgent envers ses amis. Et parce qu'il regardérait correctement Dieu, il était capable de prier pour ses amis. Sa prière pour les autres est devenu sa réussite malgré des obstacles . Nous devons comprendre que les qualités principale sont l'intégrité vers le Seigneur, le pardon envers les autres et de mener les soucies des autres, même si nous sommes en train de passer un enfer. Souvent, les gens sont au point d'avoir una réussite malgré des obstacles, mais ils ne peuvent pas le voir clairement en raison des circonstances dans lesquelles ils se trouvent. Priez pour bénir quelqu'un d'autre et vous allez accélérer votre progrès. Job avait reçu deux fois plus de ce qu'il l'avait au début, est certainement plus pour chaque personne ayant un cerveau et un battement de coeur. Mais, Dieu avait quelque chose d'encore mieux à l'esprit. Dieu aime donner des cadeaux que l'argent ne peut pas achêter, donc nous nous rendons du compte qu'ils viennent directement de lui. "*Mon oreille avait entendu parler de toi; Mais maintenant mon oeil t'a vu.*" (Job 42:5) Job a reçu un grade supérieure dans sa relation avec le Seigneur. Il est allé d'entendre parler du Seigneur à voir le Seigneur. Dans sa jeunesse, il a eu la bénédiction du Seigneur et même la présence du Seigneur chez lui, mais alors la fin de sa vie, il avait déjà une vision claire du Seigneur. La chose la plus importante pour un leader c'est de voir Jésus. Souvent, il est grâce aux grandes épreuve que l'on reçoit une vision. Cette vérité est constaté même dans la façon dont le livre de l'Apocalypse a été écrit. John le révélateur a reçu une vision sur une île où il a été emprisonné indéfiniment. L'ennemi essaie de nous distraire en période de tribulation pour que nous ne recevons pas la vision du Seigneur. En tant que leaders, nous devons refuser d'être distrait et maintenir une niveau compréhension que, même si nous sommes en train de traverser des moments très durs le Seigneur Jésus a encore des choses étonnantes pour nous parce qu'il nous aime et Il s'est donné pour nous.

Je n'aime pas utiliser la négativité comme un élément de motivation. Mais même la négativité peut être utilisé de manière positive. Il ya deux personnes dans la Bible qui sont spécifiquement surligné par Dieu. Le premier est Job. Comme nous l'avons vu, Dieu souligne particulièrement son l'intégrité contre le diable.

Le deuxième homme était le roi David. Dieu a mentionné l'intégrité de David quand il est apparu à son fils, le roi Salomon. Il s'agit d'une excellente occasion pour définir plus précisément l'intégrité. L'intégrité n'est pas la perfection, parce que nous savons tous que David était un assassin et un adultère. Avec ses actions, il a jeté son droit d'intégrité par la fenêtre. Lorsque Nathan, le prophète à confronté roi David, alors il à avoué et se repentit. En faisant cela, il a retrouvé son intégrité. Si nous pouvons prendre la responsabilité de nos erreurs et se détourner d'eux alors là nous pouvons retrouver et conserver notre intégrité.

> 1Rois 9:1-9 "*Lorsque Salomon eut achevé de bâtir la maison de L'ÉTERNEL, la*

maison du roi, et tout ce qu'il lui plut de faire, L'ÉTERNEL apparut à Salomon une seconde fois, comme il lui était apparu à Gabaon. Et L'ÉTERNEL lui dit: J'exauce ta prière et ta supplication que tu m'as adressées, je sanctifie cette maison que tu as bâtie pour y mettre à jamais mon nom, et j'aurai toujours là mes yeux et mon coeur. Et toi, si tu marches en ma présence comme a marché David, ton père, avec sincérité de coeur et avec droiture, faisant tout ce que je t'ai commandé, si tu observes mes lois et mes ordonnances, j'établirai pour toujours le trône de ton royaume en Israël, comme je l'ai déclaré à David, ton père, en disant: Tu ne manqueras jamais d'un successeur sur le trône d'Israël. Mais si vous vous détournez de moi, vous et vos fils, si vous n'observez pas mes commandements, mes lois que je vous ai prescrites, et si vous allez servir d'autres dieux et vous prosterner devant eux, j'exterminerai Israël du pays que je lui ai donné, je rejetterai loin de moi la maison que j'ai consacrée à mon nom, et Israël sera un sujet de sarcasme et de raillerie parmi tous les peuples: Et si haut placée qu'ait été cette maison, quiconque passera près d'elle sera dans l'étonnement et sifflera. On dira: Pourquoi L'ÉTERNEL a-t-il ainsi traité ce pays et cette maison? Et l'on répondra: Parce qu'ils ont abandonné L'ÉTERNEL, leur Dieu, qui a fait sortir leurs pères du pays d'Égypte, parce qu'ils se sont attachés à d'autres dieux, se sont prosternés devant eux et les ont servis; voilà pourquoi L'ÉTERNEL a fait venir sur eux tous ces maux."

C'est une partie très étonnante et très sombre de l'Écriture. Le Seigneur est apparu à Salomon avec une promesse magnifique qui est conditionnelle. La condition est qu'il se marchait en intégrité dans le cœur, d'une manière droite faisant tout ce que Dieu lui avait ordonné. S'il l'avait fait ça il n'y aurait jamais eu un moment dans l'histoire humaine où la nation d'Israël n'auraient pas eu un roi de la descendance de Salomon. Quand Jésus est venu, Israël était en captivité romaine, ce qui n'aurait pas été le cas si Salomon avait eu de l'intégrité dans le cœur et marchait dans l'intégrité, gardant tous les commandements de Dieu.

Le 14 mai 1948, Israël est devenu encore une fois une nation souveraine. Pour bien longtemps, ils n'étaient pas une nation souveraine. Si Salomon aurait satisfait aux exigences de Dieu Israël aurait toujours été une nation et sa lignée seraient encore au pouvoir en Israël. Les choix d'un homme ont profondément affecté l'histoire humaine d'une manière très négative et malheureuse. Je veux dire que peut-être l'Holocauste n'aurait pas eu lieu si Salomon avait marché avec de l'intégrité de tout nos cœur dans d'une manière droite gardant tous les commandements de Dieu. Soyons francs. Nous n'avons pas à porter le poids du roi Salomon, mais, en tant que leaders, nos décisions vraiment affectent les générations futures. Faisons le choix de marcher dans l'intégrité de tout nos cœur dans d'un mode droite gardant tous les commandements de Dieu, que nos enfants puissent avoir de l'avenir plutôt que d'être la propriété de quelqu'un d'autre. La décision que nous prenons aujourd'hui affectera radicalement demain. Allons utiliser nos têtes et avoir une intégrité de cœur et de garder les commandements de Dieu, qui sont clairement énoncées pour nous dans les enseignements de Jésus-Christ. Il suffit d'appliquer les enseignements de Jésus à tous les domaines de la vie intérieure et extérieure, ce qui fait les plus grands leaders.

Mon pasteur, David Greco, dit comme ça, "l'intégrité, c'est quand votre personnage vers l'extérieur est le même que celle de votre intérieur. L'intégrité est quand votre monde privé est le même que votre un public. "Cette vérité est si clairement visible en Jésus, nous allons donc garder nos yeux sur Lui et marcher dans l'intégrité et dans la vérité. Billy Graham a dit comme ça : «Quand l'argent est perdu, pas beaucoup est perdu. Quand la santé est perdue, quelque chose est perdu. Lorsque l'intégrité est perdue, tout est perdu! "Si l'intégrité est perdu, ainsi c'est la personne qui est perdu. Si l'intégrité est d'être un guideur ou une boussole moral, nous ne devons pas perdre.

La Communication

Chapitre 9

communication

1. le transmettre ou d'échanger des informations ou de nouvelles: la communication directe entre les deux pays va produire une plus grande compréhension | en ce moment je suis en communication avec Londres.
• une lettre ou un message contenant les informations ou nouvelles.
• le transport ou le partage d'idées et de sentiments de succès: il y avait un manque de communication entre Pamela et ses parents.
• contact social: elle lui a donné un peu d'espoir de son retour, ou tout au moins de leur communication future.
2. (communications) des moyens de connexion entre personnes ou de lieux, en particulier:
• les moyens d'envoyer ou de recevoir des informations, telles que les lignes téléphoniques ou des ordinateurs: communication par satellite | [comme modificateur]: un réseau de communication.
• les moyens de déplacement ou de transport de

marchandises, telles que les routes ou les chemins de fer: une ville offrant d'excellentes voies de communication routières et ferroviaires.

• [traité comme chanter.] Le domaine de l'étude concernés par la transmission d'informations par divers moyens.

Nous devons être les meilleurs communicateur, en tant que leaders. Trop souvent, les meneurs d'hommes qui sont des communicateurs inférieurs à la moyenne. Je crois que, par la grâce de Dieu, cette tendance peut être inversé maintenant. Pour la tendance au changement, nous avons besoin de comprendre d'où vient ce problème et comment s'en occuper.

Le manque de communication est aussi ancien que le jardin d'Éden. Jésus est venu pour rompre la malédiction qui provoque une mauvaise communication, de malentendus et purs mensonges et de tromperies. Jésus a révélé et communiqué l'amour du Père dans le monde. Nos habiletés de communication peuvent être aussi clair que l'amour de Dieu pour le monde démontrée par la mort de Jésus, se levant, ascendant et pour un jour revenir. Jésus n'a pas seulement venu nous réconcilier avec Dieu.Sa croix à tué l'hostilité culturelle et nous a restaurées les uns aux autres. Une partie d'être réconciliés avec Dieu signifie que on sait comment se comporter avec Dieu et de communiquer avec lui. Lorsque nous sommes en cours d'apprendre comment interagir et communiquer avec

Dieu, nous apprenons aussi comment se comporter et de communiquer les uns avec aux autres.

Avant d'avoir appris à écouter les gens, j'ai appris comment écouter Dieu. Comme je l'ai appris à écouter Dieu, j'ai commencé à apprécier les gens de plus en plus et j'ai pensé cela vaut la peine de les écouter. Pour être un bon communicateur, il faut d'abord savoir écouter. L'écoute est un comportement acquis. Si nous voulons être de bons communicateurs, nous devons d'abord apprendre à être de bons personnes qui écoutent. Les gens qui savent écouter, et que sont de bons communicateurs ont généralement des relations très saines. Les gens qui ne l savent pas écouter ou de bons communicateurs, en général ils n'auront pas beaucoup d'amitiés précieuses. Nous avons besoin des amitiés. Pour moi, l'amitié est s'agit sur les personnes qui vont quelque part dans la vie, ceux qui font face aux expériences de la vie ensemble.

Jésus était le plus grand communicateur qui aimais à marcher sur la terre. Il savait quoi dire et quand et comment le dire. Jésus connaissait le Père et son public. Il a toujours dit ce qu'il fallait dans l'instant. Il ya quelques lois de la communication que nous pouvons apprendre de Jésus et les Écritures.

Dans Matthieu 16, le Père révèle à Pierre que Jésus est le Christ, le Fils du Dieu vivant. Jésus dit à ses disciples de ne dire à personne. Pierre reçoit la révélation du Père dans l'esprit de sa pensée. L'esprit de notre pensée est notre récepteur quelque sorte, c'est là où nous recevons de Dieu. C'est là que la vie même de Dieu influence nos pensées et Il nous transmet ses pensées dans nos pensées. Il n'y avait aucune voix audible venant du ciel. Des pensées inspiré par Dieu sont venus dans l'esprit de la pensée de Pierre, puis ils sont sortis de la bouche de Pierre. Jésus connaissait le Père est la source de ses pensées. Sa réponse a été - n'en parlez à personne. Dans Matthieu 17 Dieu continue à communiquer avec Pierre, Jacques et Jean. Jésus prie et, comme il prie, il commence à briller comme le soleil. Moïse et Elie apparaissent. Pierre est effrayé, nerveux dans la présence de Dieu, et dit 'je dresserai ici trois tentes.' Comme il parlait encore, une nuée lumineuse les couvrit. Et voici, une voix fit entendre de la nuée ces paroles: «Celui-ci est mon Fils bien-aimé, en qui j'ai mis toute mon affection: écoutez-le!». "*Comme ils descendaient de la montagne, Jésus leur donna cet ordre: Ne parlez à personne de cette vision, jusqu'à ce que le Fils de l'homme soit ressuscité des morts.*" (Matthieu 17:9) En Matthew 16 Matthieu 16 le Père a dit à ses disciples par Pierre qui Jésus était. Il montre maintenant trois d'entre eux qui est Jésus. Jésus répond en disant de ne pas parler à quiconque cette vision jusqu'après Il est ressuscité d'entre les morts.

Nous apprenons ici une loi très important en matière de communication. Cette loi est pertinent à notre relation avec Dieu et les personnes. Jésus leur a confié quelque chose qui ne devait pas être dit à personne jusqu'à un moment précis. Je vais appeler cela le droit des limites. Leurs limites ont été clairement communiquées par le Seigneur. Lorsque nous recevons la révélation du Seigneur, nous devons savoir si elle doit être partagée, avec qui elle doit être partagé et quand elle devrait être partagé. Savoir dire ce qui doit être dit est très important, mais qui et quand doit être discerné en premier place.

Il ya une autre grande leçon à apprendre de la part des ces leaders dans l'histoire. Si vous êtes le guideur de quelqu'un et vous ne voulez pas lui dire quelque chose, ou que vous ne voulez pas qu'ils disent quelque chose jusqu'à un moment donné, vous devez vous assurer que cela soit absolument clair. Nous devons suivre l'exemple de la sagesse Jésus et comprendre que nous, les leaders qu'il ne faut pas s'attendre que les gens sachent ce qu'il faut dire et quand il faut parler. Nous ne pouvons pas le supposer simplement parce que quelqu'un à reçu une parole de Dieu ou d'accès à des informations privées qu'ils sauront ce qu'il faut faire avec elle. Les fausses hypothèses peuvent conduire à la déception inutile. Nous devons garder nos coeurs à l'aide de nos esprits. Dieu nous a donné un cerveau. Il nous a aussi donné l'esprit du Christ. Utilisons-le. Si vous ne voulez pas que quelque chose soit répétée, donc à ce moment là il faut savoir s'il faut dire ou ne pas dire du tout, ou il faut exprîmer très clairement que ce qui a été dit ne peut pas être répété.

Voici une bonne règle, si quelqu'un ne vous à pas dit précisément de répéter quelque chose alors ne dites rien quand même. La loi de des limites s'agit de respecter les autres. Si quelque chose a été dit en privé, il doit être gardé en privée ou la confiance sera violé. Si la confiance est violée, il faudra du temps pour lla reconstruire. Voici une courte parabole sur la confiance. Il faut beaucoup de temps pour faire un bateau. Il faut peu de temps pour le faire couler – donc soyez prudent. La confiance est le bateau; il ne faut pas faire couler le bateau avec de bouches qui ne savent pas tenir sa langue. De bouches qui ne savent pas tenir sa langue peut vraiment faire couler des bateaux.

Jésus est venu et Il a donné l'exemple parfait. Puis il a donné sa vie, ressuscité et monté dans les hauteurs. Il s'assit ensuite à la droite de Dieu, mais pas jusqu'à ce que le Père lui dit d'y faire "*Assieds-toi à ma droite, Jusqu'à ce que je fasse de tes ennemis ton marchepied.*" (voir Actes 1:9 et Psaumes 110:1) Jésus a offert son Esprit sur un arbre afin qu'il puisse verser son Esprit Saint sur l'Eglise. Le Saint-Esprit voir Actes 2 fut déversé et toujours est déversée sur toute chair, telle comme Dieu avait promis à travers la bouche du prophète Joël.

Quelque chose de très puissante s'est produit lorsque le Saint-Esprit a été déversée sur le jour de la Pentecôte. Dieu lui-même a cassé la malédiction de Babel une fois pour toutes. Voir Genèse 11, ici nous constatons que les gens essayaient de se faire un nom pour eux-mêmes. Cela alors conduit à un effort unifié pour construire une tour qui remonte jusqu'au ciel. Dieu est descendu et voici ce qui s'est passé:

> "*L'ÉTERNEL descendit pour voir la ville et la tour que bâtissaient les fils des hommes. Et L'ÉTERNEL dit: Voici, ils forment un seul peuple et ont tous une même langue, et c'est là ce qu'ils ont entrepris; maintenant rien ne les empêcherait de faire tout ce qu'ils auraient projeté. Allons! descendons, et là confondons leur langage, afin qu'ils n'entendent plus la langue, les uns des autres. Et l'Éternel les dispersa loin de là sur la face de toute la terre; et ils cessèrent de bâtir la ville. C'est pourquoi on l'appela du nom de Babel, car c'est là que L'ÉTERNEL confondit le langage de toute la terre, et c'est de là que*

> *L'ÉTERNEL les dispersa sur la face de toute la terre." (Genèse11:5-9)*

Les personnes qui n'étaient pas sauvé ou remplie de l'Esprit étaient unifiées à fin d'un objectif et ils pouvaient se communiquer les uns aux autres. Parce qu'ils pouvaient communiquer entre eux, ils pourraient être unifiés tout autour d'un but. Ils étaient imparable, ainsi Dieu lui-même est descendu et les a arrêtés. Babel signifie littéralement confusion. Dieu est descendu et Il a découpé leur ligne de communication et les dispersa loin.

Il avait une réunion des Juifs de l'extérieur de partout dans le monde qui existait à ce moment-là. Lors de cette rencontre, Dieu est descendu encore, voir Actes 2.

> *"Le jour de la Pentecôte, ils étaient tous ensemble dans le même lieu. Tout à coup il vint du ciel un bruit comme celui d'un vent impétueux, et il remplit toute la maison où ils étaient assis. Des langues, semblables à des langues de feu, leur apparurent, séparées les unes des autres, et se posèrent sur chacun d'eux. Et ils furent tous remplis du Saint Esprit, et se mirent à parler en d'autres langues, selon que l'Esprit leur donnait de s'exprimer. Or, il y avait en séjour à Jérusalem des Juifs, hommes pieux, de toutes les nations qui sont sous le ciel. Au bruit qui eut lieu, la multitude accourut, et elle fut confondue parce que chacun les entendait parler dans sa propre langue. Ils étaient*

tous dans l'étonnement et la surprise, et ils se disaient les uns aux autres: Voici, ces gens qui parlent ne sont-ils pas tous Galiléens? Et comment les entendons-nous dans notre propre langue à chacun, dans notre langue maternelle? Parthes, Mèdes, Élamites, ceux qui habitent la Mésopotamie, la Judée, la Cappadoce, le Pont, l'Asie,la Phrygie, la Pamphylie, l'Égypte, le territoire de la Libye voisine de Cyrène, et ceux qui sont venus de Rome, Juifs et prosélytes, Crétois et Arabes, comment les entendons-nous parler dans nos langues des merveilles de Dieu?" (Actes 2:1-11)

La malédiction de Babel a été cassé lorsque Dieu est descendu. Babel étaient des hommes qui tentent de se faire un nom pour eux-mêmes. Ils étaient des hommes qui voulaient essayer d'aller au ciel. Lors de cette rencontre de Pentecôte, voir les Actes 2 le ciel est descendu à l'homme et la malédiction de Babel ou le brouillant était cassé. La communication a été rétablie et les hommes ont été autorisé à prendre le nom de Jésus célèbre sur la terre. Avant que d'accuser ces hommes qui étaient en état d'ébriété, ils étaient déjà capables de se communiquer et se comprendre les un aux autres.

Comme j'ai voyagé dans de nombreuses églises dans 17 pays jusqu'à présent je n'ai jamais vu que la communication était un problème majeur. La communication saine est très rare dans la culture l'église de Christ, c'est à dire que la La plupart des croyants ne se communiquent pas très bien. Cela doit changer immédiatement! Je crois que le pouvoir de confusion a été rompu et nous pouvons communiquer efficacement uns avec les autres par l'Esprit Saint. Je crois que cela est vrai même si nous sommes de cultures différentes ou parlons des langues différentes. Dans Actes 2:1-11 est la raison pour laquelle je crois que c'est possible. Je ne crois pas seulement, que c'est possible, je crois qu'il est nécessaire parce que Dieu lui-même pris l'initiative. Le problème de communication n'existe pas là où les personnes parlent des langues différentes, il existe également chez les gens qui parlent la même langue. Entre nous les leaders nous devons comprendre que si nous pouvons communiquer les uns avec les autres et d'être en accord avec Dieu, et entre eux, nous aussi serons imparable. Apprendre à communiquer correctement signifie que nous devons être humble et docile. Cela signifie que nous devrons admettre quand nous avons tort et parler à des moments où peut-être nous ne sommes pas disposé a le faire. Cela signifie que nous devons sortir de notre zone de confort. Pour certains d'entre nous cela signifie de se taire, pour d'autres cela signifie s'exprimer. Rappelez-vous la croissance s'effectue en dehors de notre zone de confort.

Le Saint-Esprit est un communicateur extraordinaire."*Mais l'Esprit dit expressément que, dans les derniers temps, quelques-uns abandonneront la foi, pour s'attacher à des esprits séducteurs et à des doctrines de démons.*" (1Timothée 4:1)Le mot dans ce verset pour explicitement en grec signifie en réalité clairement. Lorsque le Saint-Esprit communique avec nous, nous devrions savoir ce qu'il dit parce qu'il parle d'une manière qui est distincte. Il connaît le peuple qui l'écoute et il sait exactement comment communiquer avec tout le monde. La question n'est pas sur la façon dont il parle. La vraie question est: Est-ce que nous écoutons? Le Père et le Fils font confiance à la capacité que l'Esprit Saint a pour se communiquer avec nous, il est temps que l'église lui fasse confiance aussi.

Lorsque les leaders cessent d'écouter à Dieu, ils n'ont pas le droit de guider son peuple. Nos compétences de communication peuvent seulement être aussi forte que notre capacité d'éntendre. La communication est une route à deux sens, pas une rue à sens unique. Plusieurs fois, les leaders peuvent accabler t aux gens dans une conversation. C'est à la fois immature et désagréables. Souvent, c'est avec de bonnes intentions, les intentions sont que le leader a quelque chose de valable à dire qui peut bénéficier l'interlocuteur. Mais en réalité, si nous n'écoutons pas les gens, ils ne seront pas vraiment là à nous entendre de toute le façon. Nous allons récolter tout ce que nous semons. Pensez à la communication comme ça: les gens vont vous éntendre autant que vous prêtez attention et vous écouté ce qu'ils disent. Lorsque vous avez une conversation avec quelqu'un qui vous n'êtes pas en train de prêcher pour eux, mais sinon de juste parler avec eux.

Un autre point sur la communication interpersonnelle dans l'église: Nous devons arrêter de parler de gens et commencer à parler aux gens. Nous avons besoin de ne rien dire derrière le dos de quelqu'un que nous ne pouvons pas dire face à face. "*Qu'il ne sorte de votre bouche aucune parole mauvaise, mais, s'il y a lieu, quelque bonne parole, qui serve à l'édification et communique une grâce à ceux qui l'entendent.*"

(Éphésiens 4:29) Ce que nous disons doit d'être utile et aussi doit béneficier les autres. Nos paroles doivent être édifiantes. Elle doivent responsabiliser aux gens et les construire. Nos paroles doivent être une source de force pour tous les gens, parce que les paroles de Dieu vers nous sont une source de force. N'importe qui peut jaillir la négativité. Mais il faut qu'une personne sage élabore des mots de telle manière qu'ils n'induisent pas en erreur ou flattent les autres, mais qu'ils les amener au-delà d'où ils sont.

La communication corrompue peut prendre plusieurs formes. Se plaindre. Quand quelqu'un est offensé/e cette personne parle dans une situation où la communication est corrompu. Quand quelqu'un dit les bonnes choses pour les mauvaises raisons que la communication est aussi corrompu. Quand quelqu'un dit une chose et fait une autre, alors c'est là que la communication est aussi corrompue. Pas respecter la parole donnée est une autre forme de communication corrompue. "*Que votre parole soit oui, oui, non, non; ce qu'on y ajoute vient du malin.*" (Matthieu 5:37) De jurer à Dieu ou sur quelque chose procède de mal. Jésus utilise des mots forts pour signaler à quel point il est grave quand nous rompons notre parole. Jésus a enseigné l'importance de la confiance dans les relations. Lorsque la confiance est en panne, les relations n'ont presque aucune valeur. La plupart des problèmes relationnels sont généralement une problème de communication.

L'hypocrisie est une autre forme de communication corrompu. Le bavardage, la calomnie, le langage grossier, et la flatterie sont toutes les formes de communication corrompu. L'ennemi est habile. Il utilise les communicateurs pour corrompre la communication qui prend place dans un certain endroit avec un groupe determiné de personnes. "*Veillez à ce que nul ne se prive de la grâce de Dieu; à ce qu'aucune racine d'amertume, poussant des rejetons, ne produise du trouble, et que plusieurs n'en soient infectés*;" (Hebreaux 12:15) Ici, nous nous rendons du compte que la racine de l'écoeurement, est capable de contaminer beaucoup.

Si les gens ne peuvent pas se communiquer entre eux, ils ne seront pas en mesure d'avancer ensemble. De l'absence de la communication, il y aura des relations brisées, des mariages ruinés, des scissions de l'église, et de l'échoué des entreprises commerciales. Nous devons choisir de communiquer correctement. Ce qui signifie que nous devons dire des choses aux gens et pas sur eux. Nous devons nous engager à bien communiquer avec les autres. Cela commence en écoutant, et ensuite nous apprenons à savoir quand est-ce qu'il faut parler et comment le faire. Lorsque nous marchons avec Dieu, nous mûrissons de plus en plus, et nous apprenons à communiquer efficacement avec les autres. Lorsque nous apprenons à communiquer correctement avec Dieu et les autres, l'impossible devient possible.

Confrontation

confrontation

une réunion hostile ou argumentatif ou de la situation entre les parties opposées: une confrontation avec le pouvoir législatif | quatre mois de violents affrontements entre les forces gouvernementales et l'opposition.

Si nous désirons obtenir la victoire, nous devons nous engager dans le combat. Il y a beaucoup de gens de partout dans le monde qui ne comprennent pas que nous sommes au milieu d'un conflit. En effet, nous vivons dans une zone de conflit. L'ennemi veut dominer le monde et Jésus nous dit de prier que ton règne vienne, Que ta volonté soit faite sur la terre comme au ciel. Les leaders qui comprennent la simplicité de la volonté de Dieu ne s'inquiètent pas d'aller au ciel. Ils sont occupés à faire descendre le ciel vers le bas par l'obéissance et la foi. Parce que nous sommes dans une zone de conflit, la confrontation est inévitable. Les leaders sont confronté, parce qu'il est impossible d'avancer sans la résistance. Noah a confronté la méchanceté de sa génération en étant un prédicateur de la justice et en construisant une arche. Les deux nos paroles et nos actions confrontent l'ennemi et donnent aux gens une occasion de changer leur façon de penser. Moïse a été envoyé directement à affronter Pharaon. Josué et Caleb ont été envoyés à posséder la terre promise. Ils ont été envoyés directement dans une zone de conflit où ils seraient entourés par de plus nombreuses que eux. Dieu leur avait promis la terre, et Il avait déclaréqu' autant qu'ils se battraient pour l'avoir qu'ils allaient gagner. Les autres nations se montrait aimable en voulant faire alliance avec eux de façon à ne pas leur combattre. Les autres nations connaissaient que quand la parole de l'Éternel était et donc ils sont seduits l'élu de Dieu dans une trêve. Ces nations ne veulent pas d'un combat, ils savaient qu'ils allaient perdre. L'ennemi est conscient les mots qui ont été déclarées sur nos vies et il vient les voler. Si l'ennemi ne peut pas voler le mot directement, il va essayer de nous neutraliser par mettant en péril notre relation avec le bon Dieu. Les gens qui comprometent seront toujours détourner de la confrontation parce qu'ils ne se sentent pas à l'aise. Le compromis ronge la le compromis a l'honte et la culpabilité ensemble. Les personnes qui vivent avec la culpabilité et la honte sont coincés dans le passé par la tromperie et ne veulent pas faire face à quoi que ce soit dans le présent.

Les leaders sont toujours dirigés vers une confrontation complaisant. Dans le Royaume de Dieu, il n'y a qu'une seule direction et ce n'est que vers l'avant.

Pour avancer, c'est de confronter notre propre zone de confort et les zones de confort de ceux qui nous suivent. Si nous affrontons une personne, un concept, une situation, une maladie, un démon ou d'un manque de quelque sorte nous sommes dirigés droit vers une confrontation. Nous devons comprendre qui et ce que nous avons confrontés.Il est impératif de comprendre comment faire face proprement à des gens et des problèmes. Une incapacité à comprendre comment savoir affronter se traduira par un échec dans la confrontation.

La Bible est remplie avec quelques confrontations étonnantes. En le regardant un peu cela peut élargir notre compréhension de comment, quand et pourquoi à affronter.

David a confronté Goliath car il a été zélé pour le nom du Seigneur, non pas parce qu'il était à la recherche d'obtenir une promotion. Les leaders doivent confronter ce que d'autres ne font pas. Les bonnes qualités d'un meneur d'homme se manifeste souvent en situation de conflit. David est allé d'être l'appelé à avoir été choisi quand il s'approcha et confronté Goliath. Nulle part dans l'Écriture ne dit que Dieu a dit à David de tuer Goliath. Le cœur de David a été préparé pour ce moment et, quand il entra dans le moment indiqué, il a fait ce que Dieu voulait sans que Dieu dise jamais un mot. Quelle idée de David à être sur le front de bataille pour tout simplement aider les autres. Dans notre vie, nous sommes sur les lignes de front quand nous servons les autres.David est venu livrer de la nourriture à ses frères. Il devenu un très humble serviteur et a el est parti comme un champion dans le combat car il a confronté ce que les autres ont eu peur de confronter. David a travaillé pour son père, à garder les moutons. Il pouvait protéger les brebis de son père quand personne ne le regardait. Quand tout le monde était à la recherche, il a été en mesure de livrer les brebis de son Père céleste. Le courage de David lui amené à confronter ce que les autres avaient peur de confronter .À vrai dire, pour faire face à des choses et sur la tête des gens ça prends un peu de courage. Le courage pousse dans un seul endroit: le lieu secret. Est l'aspect étonnante de cette histoire est que David a été préparer pour faire quelque chose de surnaturel dans une manière très naturelle. Il était vraiment quelque chose d'aussi simple que de mettre de la nourriture de son frère dans l'obéissance à son Père. N'oubliez pas que Jesse n'a même pas reconnu David en tant que fils alors le prophète Samuel s'approcha à la ville. Samuel a dû demander à Jesse s'il avait des autres fils, et Jesse avait amené David à Samuel. David n'a pas laissé le rejet l'empêche d'avoir le plans que Dieu avait pour lui. Mes encouragements pour vous est, ne laissez pas que le rejet passé empêchent votre progression dans le royaume présent. Aller de l'avant et d'affronter les géants d'aujourd'hui, et non pas le rejet que vous avez souffert dans le passé. C'est triste de constater comment de nombreux croyants sont fascinés au passé. Pardonnez et avancez.En effet, si vous voulez avancer, vous devez pardonner. Pardonner aux autres n'est pas une option qu'on vous donne. C'est un commandement de Dieu. Si quelqu'un n'a pas pardonné les autres ou eux-mêmes ils ne seront pas capables de discerner correctement comment affronter des gens.

Des conflits non résolus du passé créent de la confusion dans le présent et ils peuvent même nous priver de l'avenir que Dieu a pour nous. Il est impératif que nous traitons nos problèmes dès qu'ils surviennent. Paul l'apôtre parle que d'une manière très claire à propos de ça. "*Si vous vous mettez en colère, ne péchez point; que le soleil ne se couche pas sur votre colère,*" (Éphésiens 4:26) Ce verset est incroyable. Paul dit aux Ephésiens de ne pas laisser un problème de durer plus d'une journée. Si vous allez au lit en colère, vous n'êtes pas allée au lit seul. Le diable se passe réellement au lit avec vous. Il y a beaucoup de croyants qui sont dans le lit avec l'ennemi et ils ne le savent même pas. Si vous voyez les chrétiens spirituellement stériles, il suffit de savoir qu'ils sont probablement dans le lit avec le diable et ils ne se rendent même pas compte. Si vous laissez le soleil se coucher sur votre colère, vous deviendrez sombre à l'intérieur. Paul parle ici sur un problème particulier, qui est la colère. Cependant, la vérité peut s'appliquer à d'autres problèmes aussi. Nous devons régler les problèmes ou les problèmes vont s'occuper de nous. Jésus aussi a dit clairemen

> *"Accorde-toi promptement avec ton adversaire, pendant que tu es en chemin avec lui, de peur qu'il ne te livre au juge, que le juge ne te livre à l'officier de justice, et que tu ne sois mis en prison. Je te le dis en vérité, tu ne sortiras pas de là que tu n'aies payé le dernier quadrant. " (Matthieu 5:25-26)*

Nous devons régler le problème avant qu'il s'occupe de nous. L'ennemi est un assassin, alors si nous jouons à la montre, et on le remet au lendemain. Plus nous attendrons, plus l'ennemi peut exécuter ses fonctions. Le plus vite nous nous occupons d'un problème, le moins de temps et de dégâts Satan peut faire. Ici, nous voyons que si nous ne nous occupons pas directement d'un problème, le problème sera bientôt nous asservir et nous enchaîner.

Elie était aussi un homme qui avait du zèle pour Dieu. Son zèle l'a amené à confronter les faux prophètes de Baal. "*Car de Jérusalem il sortira un reste, et de la montagne de Sion des réchappés. Voilà ce que fera le zèle de L'ÉTERNEL des armées.* " (Ésaïe 37:32) Dans ce verset, le Seigneur fait une promesse: elle est accomplie par son zèle. Le zèle réussie accomplir ce qu'il veut de telle manière que le zèle ne fait pas que conduire à être fidèle seulement , il nous conduit à être fructueux et accomplir ce que Dieu veut que nous accomplissons. Le zèle du Seigneur accomplit la volonté du Seigneur. Elie a été surnombre, mais il connaissait son Dieu et était confiant que Dieu pouvait et voulait se être présent et briller. Nous avons besoin de ce même genre de confiance, surtout si nous allons confronter des fausses religions. Les leaders doivent confronter face-à-face tout ce qui est dangereux pour les personnes. Si un leader n'a pas le coeur pour confronter ce qui est dangereux pour les gens, il ne mérite pas de diriger. Les priorités de la direction doivent être en premier place Dieu , puis les gens, et puis la zone de confort des leaders. En tant que dirigeants, notre zone de confort est le facteur le moins important dans toute l'équation. Elie a pris un risque en confrontant les prophètes de Baal, mais il aurait été un plus grand risque de ne pas y faire face. Souvent, il est plus dangereux de ne pas faire face à un problème que de l'affronter. Pour une raison ou autre, les problèmes ont une tendance a grandir de plus en plus. Et, parce que nous procrastinons pour y faire face aux problèmes, ils ne réussissent rarement à juste disparaître. La procrastination provient de la paresse, de la peur et l'incrédulité. Il ya beaucoup de gens qui disent qu'ils attendent le Seigneur quand, en réalité, ils font traîner les choses.

Attendre le Seigneur veut dire que nous sommes actifs, pas stagnante. La nature même de l'enfer est inmmobile. L'enfer est décrit comme un lac de feu. Les lacs sont stagnantes. Dans le ciel il y a une rivière qui coule depuis le trône de Dieu et de l'Agneau de Dieu. La nature du Royaume des Cieux, c'est ce qui est en mouvement et augmente de plus en plus. C'est pourquoi le ciel en permanence en confrontation avec l'enfer. En tant que disciple de Jésus, il faut dire que notre vie doit être une confrontation constante d'une certaine manière pacifique. Jésus est venu pour détruire les œuvres du diable. Il a également dit que les portes de l'enfer ne prévaudront point contre l'Eglise. Cela me semble assez conflictuelle.

La Bible est remplie de confrontations. Des puissantes vérités sont révélées particulièrement quand Dieu envoie quelqu'un pour faire face à quelque chose ou quelqu'un. Peut être q'une confrontation aurait pu sauver le royaume de David. Nous ne saurons vraiment pas jusqu'à ce que nous serons au ciel. Après que David est tombé au péché avec Bethsabée, Nathan le prophète l'a confronté. David a bien réagi à la confrontation. Cette confrontation a provoqué la repentance et la glorieuse révélation. C'est le fruit de Nathan, le prophète, qui affronte David avec une parabole. Voir Psaumes 51. Il faut tenir en compte, d'après le livre de Jacques, la sagesse de Dieu est d'abord paisible. Nathan est venu pour affronter David personnellement avec une parabole. La parabole était vraiment la sagesse de Dieu. La parabole dépersonnalisé l'interrogante si David pouvait voir l'erreur sur son chemin ou pas. David a répondu ainsi à la correction. Ce n'est pas seulement ce que nous disons, c'est la façon dont nous le disons lorsque nous les disons, quand est-ce que nous disons, et où allons-nous le dire. Faire face à quelqu'un pour qu'il marche en chemin droit ne signifie pas nécessairement qu'ils vont réagir correctement, mais au moins cela leur donnent une bonne occasion de le faire. Ici, Nathan était direct et sage au même temps. C'est un excellent exemple de voir de la façon dont nous pouvons confronter quelqu'un, d'une manière paisible. Nous pouvons dépersonnaliser le problème pour les aider à voir que ce qui a été dit ou fait était mal. Cette personne peuvent voir comme ça leur culpabilité.Nous pourrions les aider à voir l'erreur, et au moins ils auront l'occasion de les voir. S'ils decident de le reconnaître et de changer ou pas ce n'est pas notre problème. Mais un bon leader saura toujours donner aux gens une occasion de grandir en maturité. Maturité vient quand nous reconnaissons nos faiblesses et quand nous prenons correction. Quand nous prenons correction proprement, nous sommes en train d'augmenter en valeur absolue en maturité.

Jésus confronté différentes personnes de différentes façons. Peut-être Paul dit que je me suis rendu le serviteur de tous, afin de gagner le plus grand nombre parce que Jésus a fait. Il a confronté les pharisiens avec une parabole de la vigne. (Mark 12:1-12.) Les Pharisiens étaient très égoïste et égocentrique, donc ils savaient que la parabole était sur eux. L'une chose que les gens égoïste voient, ce n'est qu'eux-mêmes. Jésus à affronté les disciples clairement. Jésus connaissait aussi les pensées et les intentions non verbalisées du cœur des gens et il a confronté les pensées, les sentiments et les désirs aussi bien. Jésus n'avait pas peur de confronter les gens car il ne vivait pas pour plaire aux gens. Quand nous sommes libres de la peur de l'homme, nous saurons alors comment aimer les gens correctement. Nous ne devons jamais être esclaves des sentiments des autres. Les leaders devraient être respectueux des autres, mais ils ne peuvent pas mener les gens basées sur les sentiments. Nous devons mener les gens fondée sur la vérité qui ne soit pas sujet à changement. Jésus est la vérité.Il a été conduit par l'Esprit de la vérité, pas pour ce que les gens voulaient entendre. Les leaders parlent de ce qui doit être entendu, et ils ne doivent pas parler pour dire ce que les gens veulent entendre.Pour être franc avec vous, parfois la confrontation n'est pas amusant et souvent les résultats sont moins desagréables. Mais, le bien-être des autres doit être plus important pour nous que notre propre zone de confort. L'apôtre Paul l'avait très bien compris.

> *"Mais lorsque Céphas vint à Antioche, je lui résistai en face, parce qu'il était répréhensible. En effet, avant l'arrivée de quelques personnes envoyées par Jacques, il mangeait avec les païens; et, quand elles furent venues, il s'esquiva et se tint à l'écart, par crainte des circoncis. Avec lui les autres Juifs usèrent aussi de dissimulation, en sorte que Barnabas même fut entraîné par leur*

hypocrisie. Voyant qu'ils ne marchaient pas droit selon la vérité de l'Évangile, je dis à Céphas, en présence de tous: Si toi qui es Juif, tu vis à la manière des païens et non à la manière des Juifs, pourquoi forces-tu les païens à judaïser? Nous, nous sommes Juifs de naissance, et non pécheurs d'entre les païens. Néanmoins, sachant que ce n'est pas par les oeuvres de la loi que l'homme est justifié, mais par la foi en Jésus Christ, nous aussi nous avons cru en Jésus Christ, afin d'être justifiés par la foi en Christ et non par les oeuvres de la loi, parce que nulle chair ne sera justifiée par les oeuvres de la loi. Mais, tandis que nous cherchons à être justifié par Christ, si nous étions aussi nous-mêmes trouvés pécheurs, Christ serait-il un ministre du péché? Loin de là! Car, si je rebâtis les choses que j'ai détruites, je me constitue moi-même un transgresseur, car c'est par la loi que je suis mort à la loi, afin de vivre pour Dieu. J'ai été crucifié avec Christ; et si je vis, ce n'est plus moi qui vis, c'est Christ qui vit en moi; si je vis maintenant dans la chair, je vis dans la foi au Fils de Dieu, qui m'a aimé et qui s'est livré lui-même pour moi. Je ne rejette pas la grâce de Dieu; car si la justice s'obtient par la loi, Christ est donc mort en vain." (Galates 2:11-21)

Paul confronté Pierre face-à-face devant les gens. Si vous êtes un leader, être prêt à être confronté publiquement parce que qu'il va se passer. Dans les

Écritures ci-dessus, Paul de manière claire et ouverte raconte aux Galates une confrontation qu'il a eu avec Pierre.

Il est important de noter que Paul parle publiquement aux Galates de cette événement qui s'est produit publiquement. Paul ne parlait pas publiquement de quelque chose qui s'est passé en privé. Il parlait ouvertement de ce qui s'est passé à l'air libre. C'est une bonne leçon de présenter ce texte. Si quelque chose est arrivé à l'air libre, il peut être parlé ouvertement. Si quelque chose est arrivé en privé, il devrait être discuté ou confronté privé. Si nous menons publiquement, parfois, nous seront corrigées publiquement. Paul confronté Pierre face à face parce que les actions de Pierre allaient avoir un mauvais effet sur les nouveaux croyants. Il est très important que les meneurs d'hommes soient tenus responsables de leurs paroles et leurs comportement. Personne n'est au dessus de la responsabilisation. Si nous voulons être croyables, nous devons avoir de la responsabilité. Ceux qui ne poursuivent pas la responsabilité sont des personne qui sont malsain, et ils n'ont pas besoin à ce moment d'être de meneur d'hommes . Paul était plus préoccupé par la santé spirituelle de nouveaux croyants que les sentiments de Pierre. Ce sont de véritables priorités apostoliques. Lorsqu'on prend une décision nous devons prendre en considération le lien le plus faible et d'agir en fonction, dans leur meilleur intérêt, car ils sont le plus sensibles. Il est impératif qu'ils soient établis dans la vérité depuis le début. Pierre était un hypocrite à cause de la crainte à l'homme. Son comportement n'était pas conforme à l'Évangile, car il n'était pas en train de communiquait

Jésus.C'est pourquoi, Paul l'a confronté ouvertement. Nous avons besoin d'encore plus de leaders qui sachent tenir les gens responsables dans le bon esprit et pour les bons raisons.

> "*Un Juif nommé Apollos, originaire d'Alexandrie, homme éloquent et versé dans les Écritures, vint à Éphèse.Il était instruit dans la voie du Seigneur, et, fervent d'esprit, il annonçait et enseignait avec exactitude ce qui concerne Jésus, bien qu'il ne connût que le baptême de Jean.Il se mit à parler librement dans la synagogue. Aquilas et Priscille, l'ayant entendu, le prirent avec eux, et lui exposèrent plus exactement la voie de Dieu.Comme il voulait passer en Achaïe, les frères l'y encouragèrent, et écrivirent aux disciples de le bien recevoir. Quand il fut arrivé, il se rendit, par la grâce de Dieu, très utile à ceux qui avaient cru; Car il réfutait vivement les Juifs en public, démontrant par les Écritures que Jésus est le Christ." (Actes 18:24-28)*

Nous voyons ici, Aquilas et Priscille ont confronter Apollos. Ils étaient sages. Ils n'ont pas pu lui faire des reproches publiquement, mais ils l'ont parlé privé. Si on lui avait reproché publiquement ils auraient probablement énervé, ils auraient finis par être des ennemies à la place d'amis. Dans les Ecritures, dit-il, "l'ayant entendu, le prirent avec eux," C'est signifie vraiment qu'ils ont utilisé l'hospitalité pour lui parler. Peut-être qu'ils lui parlaient autour d'un repas.

A cette époque, Apollos enseignait ce qu'il savait. Il n'était pas un enseignant faux mais il était ignorant et de caractère gras et ignorant. Apollos n'était pas ignorant par choix. Il n'avait pas été tout simplement au courant de Jésus. Aquilas et Priscille, l'on mit coté pour lui parler, et là ils ont juste investi dans le Royaume de Dieu et de son ministère. Peut-être que vous n'aimez pas les confrontations, mais moi non plus pour être franc, je ne vis pas dans les confrontation inutile non plus. Mais, nous avons besoin d'avoir de la confrontation comme une opportunité pour émployer du temps dans le Royaume de Dieu et progreser. et le progrès. Après Apollos entendu plein évangile, "*Car il réfutait vivement les Juifs en public, démontrant par les Écritures que Jésus est le Christ.*"

Quand la vérité lui a été révélé, il a ensuite révélé à d'autres. Si Aquilas et Priscille ne lui avaient pas confronté il n'aurait pas convaincu aux Juifs que Jésus était le Christ. Parfois, en tant que leaders, notre fidélité pour affronter quelqu'un influera directement dans la diffusion du vrai message de l'Evangile.

Si nous affrontons un ami ou un ennemi, il faut avoir dans l'ésprit que les leaders doivent faire face a ce que les autres ne veulent pas faire face ou sinon, ils ne seront pas des vrai meneur d'hommes. Dans la communauté des croyants/es, on nous dit d'avouer nos fautes les un aux autres. Si nous confessons nos fautes et nous faissons preuve d'être transparent, nous pouvons alors éviter beaucoup de confrontation inutile. Souvent, ce qui se passe, c'est que, au lieu d'avouer une faute dès qu'il se manifeste, les gens se cachent derrière leur faute, et donc a ce moment ce qui se passe c'est qu'ils doivent être confronté par d'autres personnes. Quand il s'agit de confronter les gens, nous avons vraiment besoin de la sagesse de Dieu. Dieu est vraiment généreux. Il nous donne le courage et la sagesse se confronter aux autres. Il nous donnera aussi l'humilité et de la patience afin nous réagissons bien quand nous sommes confrontés au défi ou par d'autres personnes. Si nous sommes confrontés correctement ou dans le bon contexte alors nous menons plûtot sutout par la réponse, et non par une reaction. Si je suis confronté et je ne m'en occupe correctement, alors he suis en train de mettre dans une position de suiveur plûtot que de leader. Mais si je suis confronté incorrectement et j'ai quand même est répondu correctement, je suis effectivement au premier plan. Le leaders qui sont sains d'ésprit, sont humble et docile. Ils répondent. Ils ne réagissent pas défensivement.

L'Art D'encourager

encouragement

l'action de donner un soutien de quelqu'un, la confiance, ou l'espoir: je vous remercie pour votre soutien et votre encouragement.

• persuasion pour faire ou de continuer quelque chose: des incitations et des encouragements à faire du sport.

• aux fait d'essayer de stimuler le développement d'une activité, d'état, ou de conviction: l'encouragement de l'investissement étranger.

Il ya quelques années, sous l'influence du Saint-Esprit, j'ai appelé un pasteur ami à moi dans mon village. Cet homme est un homme qui a une binne moral et qui est droit, quelqu'un qui est tendre et s'inquiète constamment sur le bien-être des autres. Je sentais que c'était très urgent que je l'appelle pour l'encourager à continuer dans le ministère. Lorsque j'avais fini l'encourager, il me dit, "Adam je me préparais à jeter l'éponge et de quitter le ministère." Après avoir entendu ça,le faite de voir qu'il à partagé ce qu'il avait dans son cœur, d'une manière honnête avec moi, Donc moi aussi, je était très encouragé. Je suis fort dans l'obéissance dans le sens que j'ai toujours demandé au Seigneur de la affirmation. Parce que nous sommes un seul corps en Christ, quand il a été encouragé, moi aussi je l'était. En remontant en arrière en parlant au sujet de cette histoire, je pense a chaquenfois de combiens nous avons vraiment besoin les uns des autres. Si nous voulons encourager les autres, alors nous ne devons pas être préoccupés par nous-mêmes. Les gens qui sont préoccupés par eux-mêmes n'ont rien à offrir aux autres. Si nous voulons offrir quelque chose de substantiel aux autres, nous devons rester concentrés sur Jésus. Les plus nous nous focalisons sur Jésus, plus nous sommes conscients des besoins des autres.

Les leaders ont un appel, est c'est justement pour répondre aux besoins des autres. Pour povoir d'encourager proprement quelqu'un avec ses besoins, on doit tout d'abord discerner de façon spécifique sur ces besoins. Encourager quelqu'un sans savoir où ils sont dans leaur vie ou spirituellement, ce serait comme essayer de conduire une voiture qui n'a pas encore été démarré. Encouragement sans discernement c'est la flatterie. La flatterie c'est quand les gens disent les bonnes choses pour de mauvaises raisons. Et aussi peut être quand les gens font une remarque éxageré en disant la vérité sur quelqu'un mais ils le disent seulement pour faire sentir bien aux autres. La flatterie vient d'un motif égoïste ou quand quelqu'un a une vision déformée de la réalité. La flatterie est un danger sérieux qui peint une image fausse.

En utilisant la flatterie depuis une base imaginaire, plutôt que d'une base solide et basée sur la vérité, cela peut mettre un piège a une personne et l'empêcher de se tenir debout. Si quelqu'un a une vision déformée de la réalité, ils ne sauront jamais pouvoir se communiquer à d'autres correctement. Les gens flattent les autres pour les contrôler tandis que d'autres encouragent les gens à leur donner les moyens de le faire. L'encouragement est quand nous disons les bonnes choses à quelqu'un pour les bonnes raisons, avec l'intention de stimuler quelqu'un dans un lie au-delà 'doù ils sont actuellement. Vrai encouragement doit toujours faire avancer vers l'avant dans la vie de celui qui écoute. Lorsque vous mettez une adresse dans un GPS ou dans un smartphone, l'appareil doit découvrir une localisation actuelle avant une route peut être mappée. Savoir vraiment où se trouve une personne est une condition préalable pour les amener à des directions où ils vont. Pour encourager quelqu'un est de leur donner le courage de continuer. Le but d'encourager les autres est de les amener au-delà d'où ils sont actuellement. La la plus naturelle qu'il y a, pour quelqu'un qui c'est rempli d'espoir, est d'encourager quelqu'un d'autre. Le plus nous mûrissons, plus nous faissons du bien à encourager les autres. En réalité, plus nous mûrissons on se rends du compte que la vie tounera moins autour de nous, et plus vers les autres. Personnes. Les gens qui vivent avec les déceptions du passé ne sont pas en mesure d'encourager vraiment bien aux autres personnes parce qu'ils sont coincés dans le passé. Tout ce qu'ils peuvent offrir est un plan B (solution de secours au cas où ce que l'on a initialement prévu ne marche pas) parce qu'ils se sentent déçus et sont découragés.

C'est énorme le besoin qu'il y a pour les leaders plus âgés à encourager les leader plus jeunes. Dans le Deutéronome 1:38 et 3:28 Dieu dit à Moïse d'encourager Joshua parce qu'il allait posséder le pays et que les enfants d'Israël seront héritiers du pays où Dieu a promis. Dieu lui-même a jugé nécessaire que Moïse encourage Joshua. Tout ce que Dieu dit ou fait est intentionnelle et stratégique. L'encouragement de Moïse auprès de Josué c'est ce que lui a donné le courage d'avancer dans l'inconnu. Parfois, ce sont nos propres mots qui aident quelqu'un avancer dans l'impossible. Joshua allait dans des endroits qu'il n'avait jamais été avant, en luttant contre les gens qu'il n'avait jamais combattu auparavant. Il allait être entouré par de plus nombreuses que lui. Si vous regardez ses circonstances, vous pouvez voir exactement pourquoi Dieu dit à Moïse de l'encourager. La voix de Dieu est la source de tous les encouragements. Il ya des moments où Dieu nous dira d'encourager quelqu'un qui a besoin d'être encouragé. Et puis, Le plus nous mûrissons, le plus naturellement donc, nous allons collaborer avec Dieu à le faire. Nous saurons quand l'encouragement s'impose. Encourager quelqu'un est simplement verbaliser bonnes intentions pour lui ou elle.

Il ya des moments dans la vie et dans le ministère du leader où il n'y aura personne pour vous encourager. Chaque leader, au moins une fois, devra parcourir la montagne tout seul et simplement marcher par la foi sans l'encouragement ou des paroles rassurantes. Voici deux brefs exemples. Lorsque Abraham et Isaac marchaient sur le mont Moriah, il n'y avait personne là pour encourager Abraham. Il marchait dans la montagne avec des sentiments qui sont indescriptibles à dire. Il marchait par la foi et Dieu s'est présenté, il était là présent. Quand Jésus était dans le désert, il était seul. Il n'y avait personne là pour l'encourager. Les leaders doivent apprendre à s'encourager dans le Seigneur.

> "*Lorsque David arriva le troisième jour à Tsiklag avec ses gens, les Amalécites avaient fait une invasion dans le midi et à Tsiklag. Ils avaient détruit et brûlé Tsiklag, après avoir fait prisonniers les femmes et tous ceux qui s'y trouvaient, petits et grands. Ils n'avaient tué personne, mais ils avaient tout emmené et s'étaient remis en route. David et ses gens arrivèrent à la ville, et voici, elle était brûlée; et leurs femmes, leurs fils et leurs filles, étaient emmenés captifs. Alors David et le peuple qui était avec lui élevèrent la voix et pleurèrent jusqu'à ce qu'ils n'eussent plus la force de pleurer. Les deux femmes de David avaient été emmenées, Achinoam de Jizreel, et Abigaïl de Carmel, femme de Nabal. David fut dans une grande angoisse, car le peuple parlait de le lapider, parce que tous avaient de l'amertume dans l'âme, chacun à cause de ses fils et de ses filles. Mais David reprit courage en s'appuyant sur L'ÉTERNEL, son Dieu. Il dit au sacrificateur Abiathar, fils d'Achimélec: Apporte-moi donc l'éphod! Abiathar apporta l'éphod à David. Et David consulta L'ÉTERNEL, en disant: Poursuivrai-je cette troupe? l'atteindrai-je? L'ÉTERNEL lui répondit: Poursuis, car tu*

atteindras, et tu délivreras." (1 Samuel 30:1-8)

Dans l'absence de direction l'ennemi peut venir dérober. Les hommes étaient et sont appelés à .être meneurs d'hommes. En avance, ce que je veux dire qu'entant que meneur d'hommes le but est de servir et protéger. Quand les hommes étaient partis, l'armée adverse a eu l'occasion de voler les femmes et les enfants. Cela se produit encore dans nos jours. Lorsque les parents ne sont pas présents, l'ennemi a la possibilité de dérober. Lorsque les leaders ne assumaient pas leur poste, les gens innocents paient toujours le prix. David et ses hommes sont revenus et ont pleuré jusqu'à ce que il n'y avait plus de larmes a pleurer. Après David et ses hommes ont pleuré ensemble, l'homme a ensuite ils ont voulu le donner à le balancer de roches. La réponse de David était quet Il s'est encouragé dans le Seigneur.

Il arrive un moment donné dans la vie où chaque leaderdoivent compter seulement sur le Seigneur. Cela a l'air bien, mais ça veut dire quoi d'être encouragé par le Seigneur? Je suis content que vous posez la question.

> *"Il dit au sacrificateur Abiathar, fils d'Achimélec: Apporte-moi donc l'éphod! Abiathar apporta l'éphod à David. Et David consulta L'ÉTERNEL,en disant: Poursuivrai-je cette troupe? l'atteindrai-je? L'Éternel lui répondit: Poursuis, car tu atteindras, et tu délivreras. (1 Samuel 30:7-8)*

David s'est encouragé tout seule dans le Seigneur quand il s'est disposé à entendre le Seigneur directement. Il est clair qu'il était sérieux au sujet de entendre de Dieu parce qu'il a demandé à Dieu deux questions très précises: Devrions-nous se battre? et Allons-nous gagner? Ce sont les deux questions tous les meneur d'hommes du Royaume devraient se poser avant de s'engager dans une bataille. C'est le mot-clé pour pouvoir rester encouragé et d'apprendre à vous encourager dans le Seigneur. Les gens qui sont encouragés encouragent facilement les autres. Les gens encouragé sont ceux qui ont le courage d'aider les autres à s'engager dans la bataille. Si David ne s'avait pas encouragé dans le Seigneur, lui et ses hommes n'auraient pas battu cette bataille où ils ont tout récupérée. Soit nous encourageons la prochaine génération ou nous-mêmes, l'encouragement est nécessaire d'une manière ou autre. Le courage est nécessaire, surtout si nous allons aller dans des endroits que nous n'avons jamais été et si nous allons faire des choses que nous n'avons pas fait auparavant. Ne laissez pas passer votre journée aujourd'hui sans encourager quelqu'un.

3 façons d'encourager quelqu'un aujourd'hui

1. Dire quelqu'un que vous appréciez quelque chose qu'ils ont fait pour vous. (Verbalement)
2. Envoyer un e-mail, message texte ou une lettre de remerciement et leur dire que leur amitié est précieuse pour vous. (A l'Écrite)
3. Envoyer un cadeau à quelqu'un ou l'inviter quelqu'un à un repas comme un geste de votre appréciation pour lui. (Tangible)

De L'espoir

Chapitre 12

L'espoir

1. un sentiment d'attente et de désir pour une certaine chose qui puisse arriver: il regarda à travers ses effets dans l'espoir de tomber sur des informations | J'avais de grands espoirs de faire l'équipe olympique.
• une personne ou d'une chose qui peut aider ou sauver quelqu'un: leur seul espoir est la chirurgie.
• raisonnables de croire que quelque chose de bon peut arriver: il ne voit peu d'espoir pour l'avenir.
2. archaïque un sentiment de confiance.

Malheureusement, il ya beaucoup de leaders dans le corps du Christ qu'on un mauvais coeur. Quand nous sommes des chrétiens régénérés, nous sommes une nouvelle création. Dieu nous a donné un nouveau cœur tendre et réceptive envers Dieu et les gens. Les croyants n'ont pas un mauvais coeur qui trompe et que ments. Alors, s'ils le fassent, l'Évangile leur donnera une bonne leçon au sujet . Le prophète Jérémie dit, "Le coeur est tortueux par-dessus tout, et il est méchant ." Jérémie parlait à Israël. Ils ne sont pas des chrétiens régénérés. Quand nous sommes régénérés , notre nature a change pour toujours. Et franchement, la seconde et meilleure alliance est fondée sur de meilleures promesses. Seulement la vérité devrait nous amener à être plein d'espoir. Même si le nouveau cœur n'est pas trompeur ni mauvais par nature, il doit être surveillé. Proverbs 4:23 "*Garde ton coeur plus que toute autre chose, Car de lui viennent les sources de la vie.*" Si nous avons des problèmes dans nos vies, ils viennent plûtot de l'intérieur, pas dehors. Voici Salomon qui nous donne de la sagesse et nous dit de garder nos coeurs. Dans la deuxième et meilleure alliance, le Seigneur Jésus nous donne une cuirasse de justice pour protéger le nouveau cœur qu'il nous a donné. Et comme si ce n'était pas assez bon, à travers la paix de son fils Jésus le Père garde aussi nos cœurs et nos esprits.

> "*Ne vous inquiétez de rien; mais en toute chose faites connaître vos besoins à Dieu par des prières et des supplications, avec des actions de grâces. Et la paix de Dieu, qui surpasse toute intelligence, gardera vos coeurs et vos pensées en Jésus Christ.*" *(Philippiens 4:6-7)*

Si le cœur n'est pas bien gardé il peut tomber malade. Un coeur malade ne peut pas recevoir de Dieu. Le cœur malade ne perçoi pas bien les gens, les circonstances, le temps ou les intempéries de la vie. Certains symptômes d'une maladie cardiaque sont les suivantes, une perte de sens, l'incapacité à prendre correction; facilement déçu, en colère, ou offensé; impitoyable et ne pas vouloir faire de changement dans leur vie.

Quand un cœur est malade il existera toujours blessures relationnelles. Avant que les gens s'éloignent de Dieu, ils s'éloignent en général les un aux autres. Souvent, les gens ont des attentes irréalistes ou de faux espoirs et finissent déçus. Ils commencent alors à se retirer lentement des autres. Ce type d'éloignement se produit d'abord dans le cœur. Ensuite, il se démontre dans les actions extérieures et les relations de la personne.

Un meneur d'hommes qui a un mauvais cœur a la capacité de blesser beaucoup de gens très rapidement. Il est particulièrement crucial pour un leader de garder son cœur, à la fois pour leur propre bien et pour le bien de ceux que Dieu leur a confiée à mener. La responsabilité de leader est souvent prise trop à la légère. C'est une chose trop sérieuse de diriger les autres.Si nous menons d'autres, nous ne devrions pas nous perdre, ou ça sera plûtot un aveugle qui conduit un autre aveugle. C'est ce que Jésus a dit aux gens religieux. (Matthieu 15:14.)

En principe la religion s'agit d'un aveugle qui conduit un autre aveugle. Le résultat est que le meneur d'hommes et les suiveurs tombent dans le deséspoir. La religion est un perte dangereuse du temps donc soyez prudent avec qui vous suivez et comment vous menez ceux qui vous suivent. Tomber dans un fossé ne pourrait pas vous tuer, mais il vous mettra sale et cela ralentira le processus. Quand l'espoir est différé, les buts sont aussi retardés. Si l'ennemi peut repousser notre espérance, il peut aussi retarder notre avenir. En retardant notre avenir, il est au faite en train de voler quelquechose de très précieux: Le temps. L'ennemi est après notre espérance parce qu'il n'en a pas. Il veut voler notre temps parce que ses jours sont comptés. Le temps peut être racheté parce que le sang de Jésus est éternel et ça parle mieux . L'ennemi peut voler du temps si nous le laissons faire, mais le temps peut être racheté si nous marchons dans la sagesse,selon Ephésiens 5:16, . L'espoir permet de constater ce que pourrait être. Ce que pourrait être n'est pas nécessairement ce qui sera. C'est pourquoi nous devons marcher dans la sagesse. Là où il y a de l'espoir, il existe une vision. L'espoir est un navigateur. Lorsque nous avons l'espoir, nous avons du sens de l'orientation. La direction est essentiel pour les leaders. Il s'agit en fait de l'une des choses qu'inspire aux autres à suivre. Quand Jésus dit à ses disciples à "suivez-moi," il savait où il allait. "*Je suis sorti du Père, et je suis venu dans le monde; maintenant je quitte le monde, et je vais au Père.*" (Jean 16:28)

Jésus savait d'où il venait et où il allait. Si vous êtes à la recherche par les qualités de meneur d'homme qui soient parfaites, ne cherchez pas plus loin. Jésus est exactement à qui vous cherchez. Il n'avait pas de l'espoir. Il est notre espoir. Mettre notre espoir en quelque chose d'autre que ne soit pas Lui, c'est idiot et mènera seulement à la déception et le découragement. Les leaders qui sont découragés attirent d'autres âmes en colère. Comme vous le savez, le découragement n'est pas de vraies bonnes encourageurs. Au cœur d'encourager les autres existe l'espoir de qu'ils réponderont à l'encouragement qu'on leur donne. Et il y a aussi l'éspoir de qu'ils aillent aussi du courage pour affonter le moment ou les circonstances, qu'il peuvent retrouver a ce moment là.

En Jean 16:13 "*Quand le consolateur sera venu, l'Esprit de vérité, il vous conduira dans toute la vérité; car il ne parlera pas de lui-même, mais il dira tout ce qu'il aura entendu, et il vous annoncera les choses à venir.* " Le Saint-Esprit a un intérêt profond pour l'avenir. S'il le fait, nous devrions aussi.

Mentor

mentor

un conseiller expérimenté et de confiance: il était son ami et mentor jusqu'à sa mort en 1915.
• une personne expérimentée dans une entreprise, un collège ou une école qui forme et conseille les nouveaux employés ou étudiants.
conseiller ou train (quelqu'un, esp. une jeune collègue).

Il est maintenant temps d'employer ce que vous avez appris. Trouver quelqu'un qui est enseignable pour investir du temps en eux. Nous allons investir dans qui que ce soit et en ceux qui nous apprécions. L'investissement le plus précieux sont les gens. Vous êtes le plus grand investissement de Jésus. Il a investi sa propre vie en vous. Et parce que vous êtes précieux, vous avez quelque chose à investir dans l'autres. Moïse avait Josué, Elie avait Elisha, Jésus a ses disciples et

Paul a Timothée.

Un dicton populaire indique qu'il n'ya pas succès sans successeur. Si nous voulions réduire définition de ce que c'est d'être meneur d'hommes jusqu'à une Manière très simple, il serait comme suit: Les leaders sont les investisseurs, leur travail consiste à investir dans d'autres. La preuve de leur investissement est la croissance, le succès et la durabilité de ceux en qui ils ont investi. Quand Paul parle à Timothée, de son fils dans la foi, il a partagé quelque chose que nous devrons comprendre, quand il s'agit de diriger quelqu'un dans n'importe quel domaine de la vie

> "*Et ce que tu as entendu de moi en présence de beaucoup de témoins, confie-le à des hommes fidèles, qui soient capables de l'enseigner aussi à d'autres.*" (Timothée 2:2)

Paul s'attendait que Timothée soit capable de pouvoir discerner deux choses sur les hommes qu'il allait édifier dans le ministère. Le premier est leur niveau de fidélité et le second était leur capacité à enseigner aux autres. L'une des mots clés c'est de la multiplication dans le Royaume, et d'investir dans des investisseurs, dans les personnes qui seront fidèles et cosistents/antes. Ils ne doivent pas être parfait, ils ont juste besoin d'être fidèle. Quand quelqu'un est fidèle et consistant, ils ont une capacité à enseigner aux autres naturellement parce qu'ils vivent correctement bien eux-mêmes.

Pour savoir a qui est-ce que vous allez mener sur le chemins de Dieu, vous devez mettre du temps à observer le comportement de gens au fil du temps, et en écoutant ce qu'ils disent. Il y aura des moments où l'Esprit Saint vous dira directement d'investir du temps et à bénir une personne. Une tierce personne peut vous suggérer d' être le guideur de quelqu'un d'autre. Il y aura d'autres moments où la personne elle-même vous demandera votre participation. Une fois que la relation commence, les raisons ou la base d'engagement doivent être toujours basée par l'amour. Il ne faut pas servir de leader à quelqu'un pour ce que vous pouvez obetenir de cette personne. Chaque fois que quelqu'un s'approche à une relation pour juste obtenir quelquechose, dans cette détermination il y aura presque toujours de la manipulation ou de contrôle est impliqué. Si vous allez investir dans quelqu'un, il est essentiel qu'ils s'engagent à la relation et à la croissance spirituelle, mais la vie d'une personne dans le domaine de leader n'est surtout pas de contrôler tout le monde. Il consiste simplement à faciliter la croissance de qulqu'un d'autre sur la base de la connaissance, la sagesse et la compréhension que le Seigneur vous a confié. Notre objectif est de réaliser disciples de Jésus, et pas des clones de nous-mêmes. Pour être un producteur de producteurs que nous devons donner aux gens de l'espace pour être créatif. Dieu nous a donné le pouvoir d'avoir une influence sur les autres. Nous devons utiliser cette influence pour permettre aux gens de rêver avec Dieu. Un mentor qui est sage et qui sait comment laisser de la place pour que les gens preuve leur créativité en contribuant, Dieu lui à appelé à faire la personne avancer tout au long du chemin.

En tant que mentor, nous aurons à parler dans la vie des autres. C'est une chose très serieuse parce que les gens nous font confiance et ils/elles vont entendre ce qu'on lui disent. Voici quelques petites choses un mentor devrait chercher à comprendre lorsque l'on parle dans la vie de la personne ou des personnes qui sont dans le mentorat. Où est cette personne été? Où sont-ils et où vont-ils? Sont-ils sur le bonne chemin ou sur la mauvais chemin? Ont-ils besoin d'être encouragés d'aller de l'avant ou ont-ils besoin d'être corrigé ou réorienté pour revenir sur le bon chemin? La connaissance de ces choses sont importantes si nous allons parler dans la vie des gens de manière efficace.Il est important de savoir s'il est temps de poser une question ou le temps de faire une déclaration affirmatif. Ce sont des facteurs simples mais cruciales quand il s'agit de pousser les autres au-delà d'où ils sont actuellement. Une autre chose très importante à savoir en tant que mentor est de savoir exactement ce que vous avez à contribuer aux gens dans le mentorat. Jésus connaissait son public, dont ce qu'ils avaient besoin et quand ils seraient le plus réceptifs.

Le mentorat est d'enseigner à quelqu'un ou un groupe de personnes d'une manière personnelle, volontaire, relationnelle et permanente. Un mentor est d'être commis à la croissance du peuple qui sera mentorées. Si nous nous sommes engagés à la croissance des autres, donc les personnes que nous sommes en train de guider n'auront aucun problème à nous rendre des comptes. Le but de la responsabilisation est que les gens peuvent avoir de la crédibilité. Il n'ya pas de crédibilité ou à l'intégrité sans la responsabilisation. La plupart des gens ont une vision erronée à propos de la responsabilité parce qu'un grand nombre des personner ont été blessés par les leaders qui manquent de la confience en soi. Lorsque nous accompagnons toute les autres, nous devons toujours être sur leurs propre intérêts et ne pas sur notre propre idée cachée. Le mentor devrait être plus engagé à la croissance de la personne qu'il ou elle mentorat encore plus que la personne qui est mentoré/es, tout simplement parce que le mentor aura la vision à long terme qui vient avec la maturité . Le plus mature que nous sommes le plus nous serons déterminés à la croissance des autres. Le rôle principal d'un mentor est de faire appel d'autres sur une relation plus profonde et plus engagé avec Jésus. Le rôle secondaire d'un mentor est d'inviter d'autres personnes sur un lieu de plus grande influence, et cela qui vient seulement par servant les autres pour des bonnes raisons. Le plus nous sommes engagés à Jésus le plus d'influence que nous pouvons avoir sur les autres.

Les mentors disent les choses avant de qu'ils arrivent, par rapport a qu'est ce que les gens vont devenir. Cette réalité est vu si clairement en Jésus. Jésus dit à ses disciples "Vous êtes la lumière du monde. " Il a déclaré ce pour ses disciples avant qu'ils brillaient. Jésus parlait à ce qu'ils allaient devenir. Il parlait de l'endroit où ils allaient pas où ils étaient pour le moment. En tant que mentors, nous devrons parler des mots difficiles et encore des mots de correction le plus dur. Mais la plupart des mots que nous prononçons devraient être encourageants. Nous devons encourager les gens à aller de l'avant et donner des affirmations et leur rappelé qu'ils ne sont plus où ils étaient. Quand on voit la croissance dans les autres, nous devons affirmer verbalement en privé et en public. La marche de l'avant doit être confirmée et les gens doivent être fêté. Un bon mentor sait comment célébrer la personne de qu'il ou elle est mentorat.Nous devons être en mesure de célébrer les gens sans les flatter et sans leur donner un faux sentiment ou une réalité déformée . Le travail d'un mentor est de garder quelqu'un fondée tout en les encourageant en vers le ciel. Nous devons être les interprètes de rêves pas des tueurs des rêves . Les assassins des rêves sont ceux qui ont arrêté de rêver. Un interprète de rêve, c'est quelqu'un qui a une vision et le langage de ce que Dieu est en train de faire et ce qu'il veut faire.

Il est très important qui nous facilitons la croissance des autres en leur donnant l'occasion de consolider leur apprentissage par l'action. Si nous sommes en train de guider quelqu'un dans le ministère de l'enseignement ou pour prêcher, nous devons leur donner l'occasion d'enseigner et prêcher aussi. C'est un exemple simple, mais vous seriez surpris de savoir comme de petits leaders de bon cœur facilitent la croissance des autres. Il est de la responsabilité et le privilège du mentor de créer des opportunités pour l'apprenant d'agir sur ce qu'ils ont appris. Les leaders qui ne sont pas sûr d'eux mêmes enseignent souvent les autres, mais ils n'accordent pratiquement jamais une marge de progression pour que l'apprenant puisse enseigner. N'oubliez pas que la graine produit selon leur espèce. Si vous êtes un mentor vous ne serez pas seulement mentor personnes, mais vous allez aussi préparer des gens qui vont servir de mentors aux autres. Si vous êtes un leader on constatera pas par votre faço de suivre, mais par votre capacité de faire multiplier les leaders.

La Maitrise de soi-même

ls maitrise de soi

retenue imposée par soi-même sur ses propres actions, l'auto-contrôle.

Je n'aime pas utiliser la négativité pour motiver les gens, mais je le ferai lorsque c'est nécessaire. Dont c'est maintenant un de ces moments. Je vais finir ce livre par vous rappeler, le pouvoir des décisions. Il suffit de s'arrêter un instant et de réfléchir à ce qui serait arrivé si Noé n'avait pas construit une arche. Bon, continuez à lire. Dieu est bon, ainsi il nous a donné des choix. Il est si bon, qu'il permet à notre choix soient aussi important pour lui et pour nous dans la vie réelle, tout simplement parce que nous sommes importants pour lui. C'est son amour pour nous qui nous donne le pouvoir et le privilège de prendre des choix. Pour le meilleur ou pour le pire, Dieu nous donne le pouvoir de choisir. La nature de Dieu et les chemins de Dieu ne changent pas.

> "*Et si vous ne trouvez pas bon de servir l'Éternel, choisissez aujourd'hui qui vous voulez servir, ou les dieux que servaient vos pères au delà du fleuve, ou les dieux des Amoréens dans le pays desquels vous habitez. Moi et ma maison, nous servirons L'ÉTERNEL.Le peuple répondit, et dit: Loin de nous la pensée d'abandonner l'Éternel, et de servir d'autres dieux! Car L'ÉTERNEL est notre Dieu; c'est lui qui nous a fait sortir du pays d'Égypte, de la maison de servitude, nous et nos pères; c'est lui qui a opéré sous nos yeux ces grands prodiges, et qui nous a gardés pendant toute la route que nous avons suivie et parmi tous les peuples au milieu desquels nous avons passé. Il a chassé devant nous tous les peuples, et les Amoréens qui habitaient ce pays. Nous aussi, nous servirons L'ÉTERNEL, car il est notre Dieu.*" *(Josué 24:15-18)*

C'était Joshua qui a introduit le peuple de Dieu à la place de la prise de décision. Il l'a fait en verbalisant la bonne décision et en donnant l'exemple. Joshua ne demandait pas à ses disciples d'aller n'importe où bien il se aurait pas aller si cela aurait été le cas. Nous avons besoin de leaders comme ça maintenant. Les leaders sont ceux qui amenent les gens à la porte de prise de décision. En tant que leader vos choix font vraiment d'importance. Ce que nous constatons ici est que les enfants d'Israël ont été appelé de la fidélité de Dieu. Joshua a expliqué aux gens (au peuple) que lui et sa maison allaient servir. Quand nous prenons une décision de suivre Dieu dans le présent, le Saint-Esprit nous rappelle la fidélité de Dieu dans notre vie. Le Saint-Esprit est le leader le plus étonnant, car il conduit même les plus fous/folles de personne jamais vue. Nous vivons dans une époque - 21ème siècle – là où il y a une grande crise des meneurs h'ommes existe, dans l'Eglise et dans le monde à la fois. Certains d'entre vous savent exactement ce que je veux dire. Cet un problème qui est profondément ancrée et assez ample. Ils transcendent les conditions socio-économiques, Ils transcendent la culture. C'est une question de morale. C'est une question de courage. La plupart des gens n'ont pas assez de courage pour se tenir debout et de se lever contre ce qui est populaire dans le monde et à faveur de pour ce qui est éternel et invariables. À ce stade de ma vie, je tiens à défendre ce qui vaut la peine de vivre et peut-être mourir pour - Jésus et Son Royaume.

1`Dans le cas où vous n'êtes pas convaincu qu'il ya une crise de direction, regardez les gens qui sont en surpoids et qui n'ont pas de condition médicale sérieuse. Ça démontre un manque de maîtrise de soi. Regardez toutes les personnes endettées. Cela, aussi, s'explique principalement par à l'absence de maîtrise de soi. Les taux élevés de divorce et l'avortement ont en commun aussi un manque de la contrainte morale.

Souvent les gens (le peuple) sacrifieront leur avenir parce qu'ils sont asservis au passé. Si les gens(le peuple) ne peuvent pas diriger leurs propres vies, ce quoi qui nous fait penser qu'ils peuvent mener d'autres ? Cela semble grossier et il est. Mais je veux m'éxprimer just comme quelqu'un qui perd du poids et sort de la dette. On va y arriver, mais pour le moment je ne suis pas encore là. Je dis simplement que la manque de maitrise de soi est l'un du plus grand, si pas le plus grand problème, parmi les leaders de n'importe quelle génération. La tentation n'est pas la question. La question est comment avoir la maitrise de est tellement nécessaire pour povoir surmonter la tentation de nos jours.

"Mais le fruit de l'Esprit, c'est l'amour, la joie, la paix, la patience, la bonté, la bénignité, la fidélité, la douceur, la tempérance; la loi n'est pas contre ces choses." (Galates 5:22-23)

Avoir de la modération veut aussi dire avoir la maitrise de soi .Peut-être, est-ce qu'il y a une raison pour laquelle la maitrise de soi est le dernier sur la liste de l'apôtre Paul? , Afin de gérer fidèlement ce que Dieu désire nous confier, la maîtrise de soi est indispensable. Je veux terminer le livre en rappelant deux grands hommes qui n'avaient pas la maîtrise de soi. Il est essentiel de voir comment leur manque de maîtrise de soi définit l'avenir pour les autres. Lorsqu'il s'agit de du pouvoir de décision, c'est peut-être la chose la plus grave dans laquelle j'ai médité.

Nous allons commencer par le roi David et terminer avec son fils, le roi Salomon. David était un homme de la guerre. Il était plus à l'aise sur les lignes de front de la bataille. Quand il est devenu satisfait de ses précédentes victoires dans la bataille, il a perdu le désir de se battre. Parfois, la menace la plus dangereuse pour l'avenir est une réussite du passé. Avant que David aille perdu les lignes de front, il a perdu un lieu secret. il n'y a que le lieu secret qui nous prépare pour pouvoir affronter les lignes de front de la bataille. La seule véritable préparation vers les lignes du front de bataille été le lieu secret. N'importe quel leader dans le Royaume vous dira ça, au moins qu'il soit un novice ou un menteur. Quand David a cessé de mener les lignes de devant, il a cessé de diriger et au lieu de faire ça, il s'est mené dans la tentation. Le seul endroit sûr pour un leader dans le Royaume le principe est de mener par l'exemple. Ainsi David, à la maison quand ses hommes étaient en guerre, il a mis ses yeux sur Bathsheba pendant qu'elle se douchait. Tout ça, alors qu'il contemplait la beauté du Seigneur tous les jours de sa vie. Après qu'il a placé ses yeux sur elle, il commet alors l'adultère avec elle. Alors il ment et fait tuer son mari sur les lignes de front d'une bataille dans laquelle lui-même il devrait s'être battu. Son irresponsabilité a donné à sa soif une occasion d'opérer. Si David avait fait ce qu'il était supposé à faire ça aurait été une autre histoire.

> *"Maintenant, l'épée ne s'éloignera jamais de ta maison, parce que tu m'as méprisé, et parce que tu as pris la femme d'Urie, le Héthien, pour en faire ta femme.Ainsi parle L'ÉTERNEL: Voici, je vais faire sortir de ta maison le malheur contre toi, et je vais prendre sous tes yeux tes propres femmes pour les donner à un autre, qui couchera avec elles à la vue de ce soleil. Car tu as agi en secret; et moi, je ferai cela en présence de tout Israël et à la face du soleil. David dit à Nathan: J'ai péché contre l'Éternel! Et Nathan dit à David: L'ÉTERNEL pardonne*

> *ton péché, tu ne mourras point. " (2 Samuel 12:10-13)*
>
> *"Il y resta jusqu'à la mort d'Hérode, afin que s'accomplît ce que le Seigneur avait annoncé par le prophète: J'ai appelé mon fils hors d'Égypte. Alors Hérode, voyant qu'il avait été joué par les mages, se mit dans une grande colère, et il envoya tuer tous les enfants de deux ans et au-dessous qui étaient à Bethléhem et dans tout son territoire, selon la date dont il s'était soigneusement enquis auprès des mages. Alors s'accomplit ce qui avait été annoncé par Jérémie, le prophète: On a entendu des cris à Rama, Des pleurs et de grandes lamentations: Rachel pleure ses enfants, Et n'a pas voulu être consolée, Parce qu'ils ne sont plus." (Matthieu 2:15-18)*

Ici nous voyons qu'Hérode avait le pouvoir de tuer des enfants à cause de ce que David a fait, il a eu des enfants avec la femme de quelqu'un d'autre et le mari avait été tué. Le péché de David est ce qui donnait Hérode le pouvoir de tuer les enfants de Bethléem, qui d'ailleurs était l'endroit d'où David était. Je voudrais vous rappeler que les décisions que nous prenons aujourd'hui affecteront toute une génération, que nous risquons de ne jamais le voir. Les choix que nous prenons affectent les autres pour le meilleur ou pour le pire. David ne pouvait pas garder son pantalon bien serré, et ainsi de l'épée ne s'éloigner jamais de sa maison,

Tandis que l'on n'a pas vu l'effet complet de la décision de David jusqu'à des siècles plus tard, on a vu certaines ramifications dans la génération immédiatement après lui. Le Seigneur apparaît au fils de David Solomon avec une offre que Solomon n'aurait jamais refus

> "*L'ÉTERNEL apparut à Salomon une seconde fois, comme il lui était apparu à Gabaon. Et L'ÉTERNEL lui dit: J'exauce ta prière et ta supplication que tu m'as adressées, je sanctifie cette maison que tu as bâtie pour y mettre à jamais mon nom, et j'aurai toujours là mes yeux et mon coeur. Et toi, si tu marches en ma présence comme a marché David, ton père, avec sincérité de coeur et avec droiture, faisant tout ce que je t'ai commandé, si tu observes mes lois et mes ordonnances, j'établirai pour toujours le trône de ton royaume en Israël, comme je l'ai déclaré à David, ton père, en disant: Tu ne manqueras jamais d'un successeur sur le trône d'Israël. Mais si vous vous détournez de moi, vous et vos fils, si vous n'observez pas mes commandements, mes lois que je vous ai prescrites, et si vous allez servir d'autres dieux et vous prosterner devant eux, j'exterminerai Israël du pays que je lui ai donné, je rejetterai loin de moi la maison que j'ai consacrée à mon nom, et Israël sera un sujet de sarcasme et de raillerie parmi tous les peuples." (1 Rois 9:2-7)*

Il est stupéfiant de penser comment Dieu considéré toujours David comme un homme d'intégrité même après qu'il a fait l'amour avec la femme d'un autre homme et l'a ensuite fait tuer. Ne l'essayez pas de faire à la maison, s'il vous plaît. Ici nous voyons que l'intégrité n'est pas d'être parfaite il s'agit d'assumer la responsabilité de ce que nous faisons mal, et ensuite changer comment nous pensons et vivons. David a fait de truc de fou quand même, mais quand il a été affronté il s'est humilié et dans les yeux de Dieu il avait toujours de l'intégrité.

Quand Dieu est venu à Solomon il est venu avec une offre qui était presque sans précédent et pourrait littéralement avoir défini l'ambiance dans lequel le Messie aurait été né. Dieu a voulu établir le royaume de Solomon's de telle façon qu'il y aurait un Roi dans la ville de Jérusalem qui a été nommé par Dieu lui-même, selon la promesse conditionnelle qu'Il a faite à Solomon. Solomon a manqué de marcher dans l'intégrité comme son père David. Il est allé après que les femmes de païen qui ont amené leurs idoles et ont profané Israël. Si Solomon avait eu l'intégrité peut-être Jésus aurait été né dans un palais et pas dans une mangeoire. Dans tous les cas, Jésus aurait vécu pour mourir mais peut-être son arrivée aurait été plus reconnaissable en Israël s'il est né dans un palais au lieu de la cuvette d'alimentation d'un animal. Tant David que Solomon avaient un effet important dans l'embiance dans lequel le Messie est né. Si je pourrait recommencer mille fois, ce ne serait pas toujours assez. Les décisions que nous prenons aujourd'hui affectent radicalement l'avenir! Prenons des décisions qui soient sages et qui honorent à Dieu pour le rendre visible à ceux qui sont autour de nous et pour ce qui ne le connaissent pas encore. Allons prendre ensemble des décisions sages pour les générations futures . Allons faire que notre sacrifice soit la bénédiction et la succession de la génération suivante. Rappelez-vous que la conservation de générations futures est faite par la maitrise de soi de cette génération. Comme des leaders du Royaume nous devons en être concernés par l'avenir, noue ne devons pas être inquiet, ni avoir peur. Si nous nous sentons concernés aux autres, allons exercer le maitrise de soi, et allons placer notre postérité pour le succès. Nous allons le faire simplement vivent avec sagesse aujourd'hui, ce qui est le crainte du Seigneur. N'oublions pas la conclusion de l'homme le plus sage jamais à vivre, après toutes ses réalisations, des erreurs et des observations.

> "*Écoutons la fin du discours: Crains Dieu et observe ses commandements. C'est là ce que doit faire tout homme.Car Dieu amènera toute oeuvre en jugement, au sujet de tout ce qui est caché, soit bien, soit mal.*"
> (Ecclésiaste 12:13-14)

Notes

Notes

Notes

Notes

Notes

Adam LiVecchi

Adam LiVecchi est le fondateur de We see Jésus Ministries (le Ministère Nous voyons Jésus) Il a beaucoup voyagé dans 19 pays et il est l'auteur de 8 livres, et certains ont déjà été traduits en plusieurs langues.

facebook.com/WeSeeJesusMinistries

instagram.com/WeSeeJesusMinistries

youtube.com/WSJMinc

twitter.com/WeSeeJesus

We See Jesus Ministries
31 Werneking Place
Little Ferry, NJ 07643
info@weseejesusministries.com
www.WeSeeJesusMinistries.com

Voices in the Wilderness
31 Werneking Place
Little Ferry, NJ 07643
info@voicesinthewilderness.us
www.VoicesintheWilderness.us

More Books by Adam LiVecchi

His Name is the Word of God
by Adam LiVecchi

Published by We See Jesus Ministries
Also available in Spanish

So You Want to Change the World?
Authors:
Don Nori Sr., Patricia King, Dee Collins, Rob Coscia, Barbie Breathitt, **Adam LiVecchi**, Abby H. Abildness, Dorsey Marshall, Doug Alexander,
Lisa Jo Greer, Susan East, and Jim Wilbur

Published by Destiny Image

The Execution of Jesus Christ
by Adam LiVecchi

Published by We See Jesus Ministries

Available at
www.WeSeeJesusMinistries.com

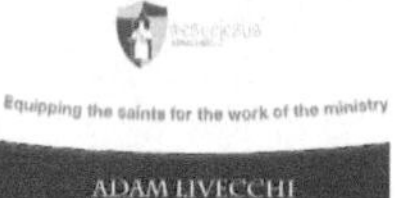

Go.Preach.Heal
A practical guide to supernatural living
Ministry Manual by Adam LiVecchi

Published by We See Jesus Ministries

Available in Portuguese & Spanish

Listen.Learn.Obey
Prophetic Manual
Co-Authored by
John Natale & Adam LiVecchi

Published by We See Jesus Ministries

Sitting at His Feet
Developing Ears to Hear the Voice of
Jesus by Adam LiVecchi

Published by We See Jesus Ministries
Also available in Hard Cover

The Increase of His Government
The Kingdom is here and Its Coming
by Adam LiVecchi

Published by We See Jesus Ministries

Available at www.WeSeeJesusMinistries.com

www.ingramcontent.com/pod-product-compliance
Lightning Source LLC
La Vergne TN
LVHW101920220826
846093LV00009B/314